15 분 학습 / 일 완성

초등기탄 글을 빠르고 바르게 이해하는 학습 프로그램

대단한 독해

| 2단계_예술·스포츠 |

기초부터 탄탄하게

G 기탄교육

☆ 독해가 어렵다고요?

글은 줄줄 잘 읽는데 막상 내용을 물어보면 고개를 갸우뚱하는 우리 아이! 뭐가 문제일까요? 바로 독해력이 부족하기 때문이에요. 독해력은 '글을 읽고 뜻을 이해하는 능력'을 말해요. 글자를 읽기만 하는 게 아니고, 내용을 바르게 이해하여 내 지식으로 만들 수 있는 능력이지요. 독해력이 뛰어나야 국어뿐만 아니라 수학, 과학, 사회, 역사, 예술 등 다른 공부를 할 때도 요점을 쉽게 파악하고 이를 바탕으로 세부 내용까지 이해하여 문제를 풀 수 있어요.

☆ 〈대단한 독해〉로 시작하세요

초등 기탄 〈대단한 독해〉는 영역별로 다양한 주제의 글을 읽고, 독해의 기초 원리를 적용한 문제를 차근차근 풀이하는 과정을 통해 독해력을 효과적으로 길러 주는 단계별 학습 프로그램이에요. 스스로 학습의 No.1 기탄교육이 만들어, 누구나 쉽고 즐겁게 독해 학습을 시작할 수 있답니다.

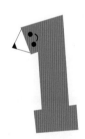

우아, 벌써 다 끝냈어?

재미있게 읽다 보니 금방 풀리던데?

하루 15분, 즐겁게 휘리릭~!

처음에는 많이 읽기보다, 한 지문이라도 천천히 읽고 생각해 보며 흥미를 갖는 것이 중요해요. 〈대단한 독해〉는 쉽고도 부담 없는 분량의 지문으로 독해에 대한 재미와 성취감을 끌어올릴 수 있어요.

무얼 그렇게 즐겁게 읽니?

세계의 전통 춤에 대한 글인데, 춤에 이런 뜻이 있었다니 정말 신기해.

2 영역별 구성으로 즐거움 UP

〈대단한 독해〉는 단계별로 인문, 사회, 과학, 예술·스포츠 네 가지 영역, 총 4권으로 구성되어 있어요. 영역별 다양한 글을 읽으며 독해에 즐거움을 느낄 수 있지요. 또 교과 학습 과정과 연관된 내용을 통해 과목별 배경지식도 확장할 수 있답니다.

3 다양한 형태의 글 읽기로 사고력 UP

어머, 이건 제품 설명서잖아?

〈대단한 독해〉에는 실생활에서 볼 수 있는 글들이 다양하게 실렸다고!

일기, 동화, 시, 설명문, 논설문, 생활문뿐 아니라 실생활에서 자주 볼 수 있는 안내문, 인터넷 게시판, SNS 등 다양한 형태의 글을 만나 볼 수 있어요. 다채로운 글을 읽으며 사고력과 이해력을 쑥쑥 키울 수 있어요.

공부하다 말고 퍼즐을 하면 어떡해?

노는 게 아니라고! 오늘 배운 어휘를 꼼꼼히 풀어 보는 거야!

4 낱말 풀이와 퀴즈로 어휘와 맞춤법까지 꼼꼼하게!

글에서 아이들이 어렵게 느낄 수 있는 어휘를 따로 정리해 두었어요. 또 그날 배운 어휘를 재미있는 퀴즈로 풀어 보며 뜻과 다양한 활용을 익힐 수 있지요. 맞춤법도 꼼꼼히 확인할 수 있답니다.

이 책의 **구성** 및 **활용**

지문 독해+핵심 문제

〈대단한 독해〉는 1회당 4쪽씩
총 15회로 이루어져 있어요.
매일 4쪽씩 공부해 보세요.

언제 공부했는지
날짜를 써 보세요.

시와 이야기, 설명문과 논설문 등
다양한 종류의 글과 독해 원리가
표시되어 있어요.

독해 원리에 꼭 맞는 대표 유형
문제들은 왕관으로 표시했으니
주의하여 풀어 보세요.

공부한 날

1회

우화 누가 무엇을 했는지 알기

은혜 갚은 독수리

일을 하고 돌아가던 농부가 그물에 걸린 독수리를 보았어요.
"저런, 꼼짝없이 죽게 생겼구나."
농부는 독수리가 *가여웠어요.
"조금만 기다려라."
농부가 그물을 풀어 주자 독수리는 훨훨 날아갔어요.
며칠이 지난 어느 날이었어요.
"어이쿠, 힘들다. 조금만 쉬었다 해야지."

어떻게 읽을까?
이야기에 어떤 인물이 나오는지, 그 인물이 한 일은 무엇인지 살피면서 읽어 봐.

밭에서 일하던 농부는 *근처에 있는 돌담에 *기대앉았어요. 그런
데 갑자기 독수리가 날아오더니 농부의 모자를 휙 *낚아챘어요.
"거기 서라! 거기 서!"
농부는 소리를 지르며 독수리를 쫓아갔어요. 하지만 독수리는 멈
추지 않고 계속 날아갔어요.
'내가 구해 주었는데 은혜도 모르고 모자를 가져가다니!'
그때 뒤에서 *요란한 소리가 났어요. 놀란 농부가 뒤
를 돌아보자 돌담이 와르르 무너져 내렸지요.
㉠'독수리가 나를 구하려고 모자를 채서 날아갔구나.
독수리가 아니었다면 나는 돌담에 깔렸을 거야.'
그때 독수리가 농부의 모자를 땅 위에 툭 떨어뜨
려 주었어요. 농부는 독수리에게 고맙다며 인사를
했답니다.

이솝, 「은혜 갚은 독수리」

※ **가여웠어요:** 마음이 아플 정도로 불쌍하고 딱했어요.
※ **근처:** 가까운 곳.
※ **기대앉았어요:** 벽 등에 몸을 의지하여 비스듬히 앉았어요.
※ **낚아챘어요:** 남의 물건을 재빨리 빼앗거나 가로챘어요.
※ **요란한:** 시끄럽고 떠들썩한.

8

내용 이해

1 이 글에 나오는 인물은 누구와 누구인지 빈칸에 쓰세요.

☐☐ 와 ☐☐☐

내용 이해

2 이 글에서 농부가 한 일은 무엇인가요? ( )

① 그물로 독수리를 잡았다. ② 모자를 낚아채 달아났다.
③ 모자를 땅 위에 떨어뜨렸다. ④ 돌을 쌓아 담을 만들었다.
⑤ 그물을 풀어 독수리를 구했다.

추론하기

3 ㉠에서 짐작할 수 있는 농부의 마음에 ○표 하세요.

슬픈 마음	고마운 마음	부끄러운
(1) ( )	(2) ( )	(3) (

비판하기

4 독수리의 행동에 대해 알맞게 말한 친구에게 ○표 하세요.

(1) 자신을 구한 농부의 모자를 낚아채서 달아난 독
수리는 은혜를 모르는 동물이야.

(2) 돌담이 무너지려는 것을 알고 농부를 구하기
자를 낚아채다니 독수리는 지혜롭구나.

'어떻게 읽을까'는 글을 읽어 나가는
방향을 알려 주는 길잡이예요. 글을
읽기 전에 먼저 살펴 두세요.

어려운 낱말은 낱말 풀이에 정리해
두었어요. 낱말의 뜻을 알아보며
읽어 보세요.

2 짧은 지문 독해 + 어휘력 퀴즈

독해 원리와 관련 있는 지문을
다시 한번 공부해요.

지문에 나온 낱말의 뜻과 쓰임,
어휘, 맞춤법을 퀴즈로 풀어 봐요.

[5~6] 다음을 읽고 물음에 답하세요.

*무더운 여름날이었어요. 물을 마시려던 개미가 발을 *헛디뎌 물에
빠지고 말았어요.

"앗, 살려 주세요!"

그때 마침 나무에 앉아 있던 비둘기가 그 모습을 보았어요. 비둘
기는 ㉠*재빠르게 나뭇잎을 따서 개미에게 던져 주었어요.

"개미야, 어서 그 나뭇잎을 잡아!"

개미는 온 힘을 다해 나뭇잎을 잡고 땅 위로
올라왔어요.

"비둘기야, 고마워. 네 덕분에 목숨
을 구했어."

도와줘요!

이솝, 「개미와 비둘기」

＊무더운: 찌는 듯 견디기 어렵게 더운.
＊헛디뎌: 발을 잘못 디뎌.
＊재빠르게: 움직임이 아주 빠르게.

어휘 알기

5 ㉠과 뜻이 반대되는 낱말은 무엇인가요? (　　　)

① 날쌔게　　　② 잽싸게　　　③ 날래게

④ 느리게　　　⑤ 신속하게

내용 이해

6 다음과 같은 행동을 한 인물을 골라 ○표 하세요.

여름날에 물을 마시려고 했다	나뭇잎을 따서 던져 주었다.	나뭇잎을 잡고 땅 위로 올라왔다.
(1) (개미 / 비둘기)	(2) (개미 / 비둘기)	(3) (개미 / 비둘기)

10

☆ 어휘력 팡팡

1 다음 뜻에 알맞은 낱말을 선으로 이으세요.

(1)
시끄럽고
떠들썩하다.

(2)
찌는 듯 견디기
어렵게 덥다.

(3)
남의 물건을
빼앗거나 가

⑦ 무덥다　　　④ 요란하다　　　⑤ 낚아채다

2 보기처럼 나머지 셋을 포함하는 낱말에 색칠하세요.

보기	감나무	밤나무	벚나무	나무
(1)	개미	나비	곤충	벌
(2)	독수리	비둘기	까치	새
(3)	농부	직업	가수	의사

오늘 학습은 어땠나요? ☑해 보세요.　　쉬움☐　보통☐　어려움☐

앞서 배운 독해 원리를
대표 유형 문제로 반복해서
연습해요.

오늘의 공부를 마친 뒤에는
독해 학습이 어땠는지
스스로 평가해요.

6가지 독해 문제 유형

내용 이해

글에 나타난 정보나 사실 등을 이해하고 확인하는 문제 유형이에요. 글의 제목이나 중심 문장을 찾아보거나, 글쓴이의 의견과 까닭, 이야기 속에서 일어난 일을 찾는 문제가 주로 나와요. 글을 전체적으로 빠르게 훑어 보고, 문제와 관련 있는 부분은 좀 더 주의를 기울여 읽으면서 글의 내용을 파악해 보세요.

구조 알기

글의 짜임을 파악하고 중요한 내용을 간추려 보는 문제 유형이에요. 각 문단의 내용을 파악해 전체 글의 구조를 이해하는 문제나 일이 일어난 차례를 알아보는 문제가 주로 나와요. 글을 읽을 때 간단한 그림이나 표로 정리해 보면, 대상을 비교하거나 글의 흐름을 파악하는 데 도움이 될 수 있어요.

추론 하기

글의 내용을 바탕으로 글에 숨겨진 정보나 의미를 유추해 보는 문제 유형이에요. 생략된 내용을 추측하거나, 이야기 속 인물의 말과 행동을 통해 생각이나 성격을 짐작하는 문제가 주로 나와요. 글의 전체 내용을 이해하고, 앞뒤 문장이나 중심 낱말을 중점적으로 살펴보며 문제를 해결할 단서를 찾아보세요.

비판 하기

글에 나오는 의견과 근거가 올바른지 판단하고 평가하는 문제 유형이에요. 글쓴이의 생각과 그 까닭이 타당한지 살펴보거나, 이야기 속 인물의 생각과 내 생각을 비교해 보는 문제가 주로 나와요. 글쓴이나 인물의 의견이 한쪽으로 치우치지 않는지, 까닭은 의견을 잘 뒷받침하고 있는지 꼼꼼하게 따져 보세요.

문제 해결

글의 내용을 실제 생활에 적용해 보는 문제 유형이에요. 글쓴이가 겪은 일과 비슷한 경험을 찾는 문제가 주로 나와요. 글쓴이의 생각이나 이야기 속 인물의 마음이 잘 드러난 부분을 읽으며 자신의 경험을 떠올려 보거나, 다른 사람의 입장에 비추어 보는 과정을 통해 문제 상황을 이해하고 해결 방안을 찾을 수 있어요.

어휘 알기

글을 읽으며 낱말을 살펴보고, 낱말의 정확한 뜻과 형태를 알아보는 문제 유형이에요. 낱말과 관용어, 속담의 의미를 물어보거나 비슷한말과 반대말 등 낱말 사이의 관계에 관한 문제가 주로 나오지요. 낱말의 올바른 뜻과 맞춤법을 익히는 것은 글을 빠르고 정확하게 이해하기 위한 기본 원리랍니다.

2단계 (초등 2~3학년)_예술·스포츠

설명문 글의 내용 간추리기

⃝ㄱ

오케스트라는 *관악기, *현악기, *타악기가 모여 하나의 음악을 연주하는 단체를 뜻해요. 고대 그리스의 '오르케스트라'에서 *유래한 이 말은 무대와 연주를 듣는 사람들 사이의 공간을 가리켰어요. 오늘날에는 관악기, 현악기, 타악기의 모임을 뜻하는 말로 바뀌었지요.

오케스트라는 관악기, 현악기, 타악기로 구성돼요. 지휘자를 중심으로 이 악기들을 ⓛ부채꼴 모양으로 배치하지요. 이 중 가장 많은 자리를 차지하는 것은 바이올린, 비올라, 첼로 같은 현악기예요. 현악기들은 지휘자의 양쪽에서 아름다운 화음과 멜로디를 만들어 내지요.

어떻게 읽을까?
오케스트라에 대해 설명하는 글에서 간추릴 만한 중요한 내용을 찾으면서 읽어 봐.

(가) ⎰ 오케스트라의 가운데 부분에는 목관 악기와 금관 악기로 이루어진 관악기들이 자리 잡고 있어요. 나무로 만든 목관 악기들은 현악기 뒤쪽에서 부드럽고 섬세한 소리를 내고 바순, 호른, 트롬본과 같은 금관 악기는 목관 악기 뒤에서 강하고 화려한 소리를 들려주지요. 팀파니와 큰북, 심벌즈, 실로폰 등의 타악기들은 맨 뒤쪽에서 강한 인상과 *생기를 주어요.

오케스트라의 지휘자는 연주자들이 내는 여러 가지 악기의 소리를 조화롭게 이끌어 아름다운 음악으로 *재창조하는 사람이에요.

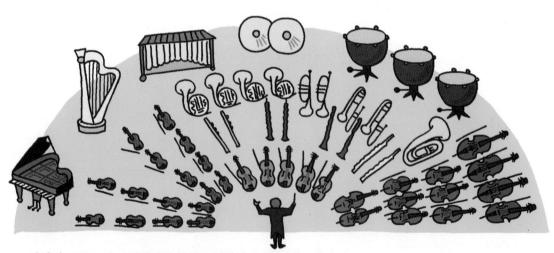

* **관악기**: 플루트나 트럼펫처럼 입으로 불어서 소리를 내는 악기.
* **현악기**: 기타나 바이올린처럼 악기의 줄을 튕기거나, 활로 문질러서 소리를 내는 악기.
* **타악기**: 드럼이나 북처럼 두드리거나 때려서 소리를 내는 악기.
* **유래한**: 물건이나 일이 생긴.
* **생기**: 싱싱하고 힘찬 기운.
* **재창조하는**: 이미 있는 것을 고치거나 새로운 방식을 써서 다시 만들어 내는

내용 이해

1 ㉠에 들어갈 제목으로 가장 알맞은 것은 무엇인가요? (   )

① 지휘자   ② 현악기   ③ 오케스트라

④ 관악기   ⑤ 오르케스트라

내용 이해

2 '오케스트라'에 대한 설명으로 알맞은 것에 모두 ○표 하세요.

(1) 관악기, 현악기, 타악기의 모임이다.   (   )

(2) 고대 그리스에서 연주되었던 음악 이름이다.   (   )

(3) 무대와 연주를 듣는 사람들 사이의 공간이다.   (   )

구조 알기

3 다음은 ㈎의 내용을 간추린 것이에요. 빈칸에 들어갈 알맞은 낱말을 쓰세요.

> 오케스트라의 가운데 부분에는 목관 악기와 금관 악기 같은 ☐☐
>
> ☐ 가 자리 잡고 있다. 그리고 오케스트라의 맨 뒤쪽에는 팀파니, 큰북,
>
> 심벌즈 같은 ☐☐☐ 가 자리 잡고 있다.

어휘 알기

4 ㉡의 모양으로 알맞은 것에 ○표 하세요.

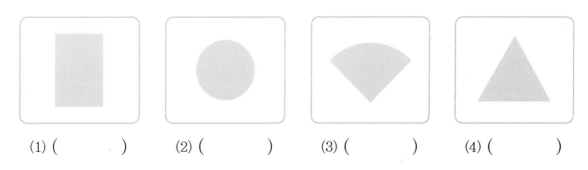

(1) (   )   (2) (   )   (3) (   )   (4) (   )

[5~6] 다음을 읽고 물음에 답하세요.

＊**오페라** 「마술피리」 이야기

밤의 여왕은 타미노 왕자에게 자신의 딸 파미나를 나쁜 사람으로부터 구해 달라며 마술피리를 주고 새잡이 파파게노에게는 요술 종을 준다.

그런데 알고 보니 밤의 여왕이 나쁜 사람이었고, 공주를 데리고 있는 사람은 착한 ＊철학자 자라스트로였다. 타미노 왕자는 철학자 편에 서서 밤의 여왕에게 ＊맞서게 되고……．

20△△년 △△월 △△일 오후 7시 □□문화 회관

＊ **오페라**: 음악을 중심으로 한 종합 무대 예술.
＊ **철학자**: 인간과 세계 사이의 이치에 대해 연구하는 사람.
＊ **맞서게**: 서로 굽히지 아니하고 마주 겨루어 버티게.

5 이 자료에 대한 설명으로 알맞은 것에 ○표 하세요.

(1) 마술 쇼의 내용을 자세히 설명해 주고 있다. ( )

(2) 오페라 「마술피리」의 줄거리를 소개하고 있다. ( )

6 「마술피리」의 내용을 알맞게 간추린 친구의 이름을 쓰세요.

> 민호: 타미노 왕자와 파미나 공주는 영영 만나지 못했어.
>
> 연경: 밤의 여왕에게 마술피리를 받고 파미나 공주를 구하러 간 타미노 왕자는 여왕이 나쁜 사람이라는 것을 알게 되어 여왕과 맞서게 됐어.

( )

1 다음은 악기를 소리 내는 방법에 따라 나눈 것이에요. 어떤 악기인지 **보기**에서 알맞은 낱말을 찾아 쓰세요.

| 보기 | 관악기 | 현악기 | 타악기 |

줄을 튕기거나 활로 문질러 소리를 내는 악기.

입으로 불어서 소리를 내는 악기.

두드리거나 때려서 소리를 내는 악기.

(1) (　　　　　　　)　　(2) (　　　　　　　)　　(3) (　　　　　　　)

2 다음 그림에 어울리는 직업을 나타내는 낱말에 색칠하세요.

나는 지휘봉을 들고 오케스트라를 이끌고 있어.

나는 가곡을 부르거나 오페라에서 노래를 불러.

(1)　지휘자　　　과학자　　　(2)　화가　　　성악가

생활문 경험한 일의 원인과 결과 파악하기

짜증 낸 날

아침부터 비가 왔어요. 유빈이는 창밖을 내다보며 비 때문에 축구를 못할까 봐 *안절부절못했어요. 빗줄기는 오전이 지나자 *이내 그쳤어요.

유빈이와 친구들은 수업이 끝나고 모두 운동장에 모이기로 했어요. 날이 맑아져서 젖었던 운동장도 마르고, 날씨까지 축구하기에 딱 좋았어요.

유빈이는 가방에 챙겨 온 골키퍼 장갑을 꺼냈어요. 평소에 축구 경기를 볼 때마다 공격수보다 골키퍼가 하고 싶었지요. 늠름하게 골대를 지키고, 수비 선수에게 *지시를 내리는 모습이 멋있어 보였기 때문이죠.

드디어 축구 경기가 시작되었어요. 유빈이는 골키퍼 장갑을 더 단단하게 조이고 경기에 나섰어요. 경기는 정신없이 빠르게 진행됐어요.

"골, 골, 골인이야. 우리가 1점을 냈어!"

유빈이가 긴장을 하고 있는 사이에 상대 팀 선수가 소리치고 있었어요. 같은 팀 *수비수인 상진이가 공을 막으려다 실수로 자기편 골대에 공을 넣었던 것이에요. 결국 상진이의 *자책골로 유빈이 팀이 지고 말았어요.

㉠"네 자책골만 아니면 우리 팀이 지지 않았을 것 아니야!"

기가 죽어 있던 상진이는 유빈이의 말에 그만 눈물을 흘리고 말았어요.

> **어떻게 읽을까?**
> 유빈이가 겪은 일의 원인과 결과를 생각하며 글을 읽어 봐.

 * **안절부절못했어요**: 마음이 초조하고 불안하여 어찌할 바를 몰랐어요.
 * **이내**: 시간이 얼마 지나지 않아 곧.
 * **지시**: 어떤 일을 시킴.
 * **수비수**: 경기에서 수비를 맡은 선수.
 * **자책골**: 실수로 자기편 골대에 골을 넣어 상대편이 점수를 얻게 되는 골.

내용 이해

1 유빈이가 겪은 일은 무엇인지 빈칸에 알맞은 낱말을 쓰세요.

축구를 하다가 [   ]을 넣은 상진이에게 화를 낸 일

(   )

추론하기

2 ㉠을 읽고 떠오르는 장면으로 알맞은 것에 ○표 하세요.

화를 내는 유빈이 옆에서 눈물을 흘리는 상진이의 모습

(1) (   )

친구들이 결승골을 넣은 상진이를 축하하는 모습

(2) (   )

구조 알기

3 이 글에서 일어난 일을 원인과 결과에 맞게 말하지 <u>못한</u> 친구에게 ○표 하세요.

 (1) 상진이가 운 까닭은 축구 경기가 시작되었기 때문이야.

 (2) 상진이가 자책골을 넣었어. 그래서 유빈이가 화가 났어.

 (3) 유빈이는 아침에 안절부절못했어. 왜냐하면 비가 와서 축구를 못 할까 봐 걱정되었기 때문이야.

[4~5] 다음을 읽고 물음에 답하세요.

윤지

집에 잘 들어갔지? 아까 점심시간에 너를 '돈까스'라고 불렀잖아.
우리는 친하니까 장난친 건데, 반 친구들이 그걸 듣고 웃으면서
놀려 대니까 정말 미안하더라. 반 친구들을 *말리지도 못했어.
기분 많이 상했지? 정말 미안해, 세현아.

세현

괜찮아. 놀리려고 한 말이 아니었지만 아까는 네 말대로
정말 서운했어. 이렇게 사과해 줘서 고마워.

윤지

사과를 받아 줘서 고마워, 세현아.
다음부터는 한 번 더 생각하고 조심해서 말할게.
우리 앞으로도 더욱 친하게 지내자.

세현

그래. ㉠"비 온 뒤에 땅이 굳어진다."라는
*속담도 있잖아. 우리 우정 튼튼히 지켜 가자.

＊ **말리지도**: 남이 어떤 행동을 하지 못하게 하지도.
＊ **속담**: 옛날부터 사람들 사이에서 전해져 오는 교훈이 담긴 짧은 말.

내용 이해

4 이 글에 나타난 일의 원인과 결과를 정리한 것이에요. (   ) 안에 들어갈 알맞은 낱말을 쓰세요.

원인	결과
반 친구들이 세현이를 놀려 대어 윤지가 ( ) 마음이 들었다.	윤지가 세현이에게 사과하고 세현이는 사과를 받아들였다.

어휘 알기

5 ㉠의 뜻을 알맞게 말한 친구에게 ○표 하세요.

(1) 힘든 일이나 고통을 겪은 뒤에 더 강해진다는 뜻이야.

(2) 일이 이미 잘못된 뒤에는 손을 써도 소용이 없다는 뜻이야.

14

1 다음 뜻에 알맞은 낱말을 찾아 색칠하세요.

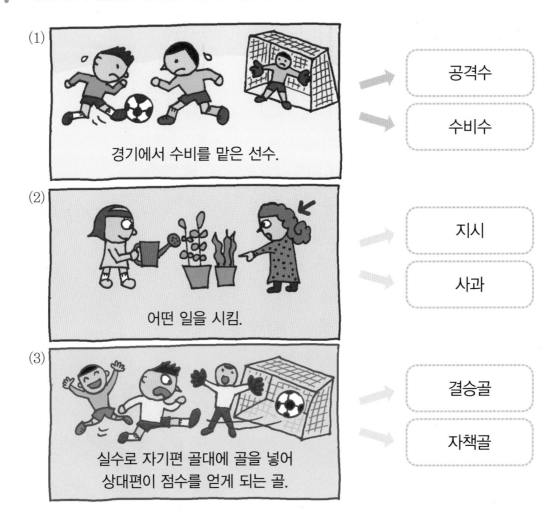

(1) 경기에서 수비를 맡은 선수.

공격수

수비수

(2) 어떤 일을 시킴.

지시

사과

(3) 실수로 자기편 골대에 골을 넣어 상대편이 점수를 얻게 되는 골.

결승골

자책골

2 밑줄 친 낱말과 바꾸어 쓸 수 있는 낱말을 보기에서 찾아 쓰세요.

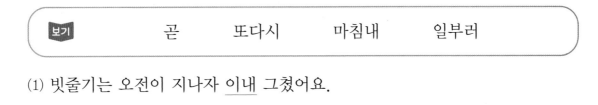

보기   곧   또다시   마침내   일부러

(1) 빗줄기는 오전이 지나자 <u>이내</u> 그쳤어요.

➡ 빗줄기는 오전이 지나자 (   ) 그쳤어요.

(2) <u>드디어</u> 축구 경기가 시작되었어요.

➡ (   ) 축구 경기가 시작되었어요.

동시 시의 장면 떠올리기

달 따러 가자

윤석중

어떻게 읽을까?
달을 노래하는 시를 읽으면서 떠오르는 장면을 생각해 봐.

애들아 나오너라 달 따러 가자
갈대 들고 *망태 메고 뒷동산으로
㉠뒷동산에 올라가 *무동을 타고
*장대로 달을 따서 망태에 담자

저 건너 순이네는 불을 못 켜서
밤이면은 *바느질도 못 한다더라
애들아 나오너라 달을 따다가
순이 엄마 방에다가 달아 드리자

* **망태**: 짚이나 갈대를 엮어 물건을 지어 나르기 편하게 만든 도구.
* **무동**: 다른 사람의 어깨에 다리를 벌리고 목 뒤로 걸터앉거나, 어깨를 밟고 올라선 것.
* **장대**: 기다란 막대.
* **바느질**: 바늘에 실을 꿰어 옷 등을 짓거나 꿰매는 일.

1 이 시에서 반복해서 쓰인 말은 무엇인가요? (   )

① 갈대 들고   ② 뒷동산으로

③ 얘들아 나오너라   ④ 저 건너 순이네는

⑤ 방에다가 달아 드리자

2 이 시에서 아이들이 달을 따러 가는 곳은 어디인지 찾아 쓰세요.

(   )

3 ㉠을 읽고 떠오르는 장면으로 알맞은 것에 ○표 하세요.

(1) (   )   (2) (   )

4 이 시를 읽고 자신의 생각이나 느낌을 알맞게 말한 친구에게 ○표 하세요.

(1) 친구들과 즐겁게 달 구경을 하는 모습이 다정하게 느껴져.

(2) 친구들과 다투고 화해하는 모습이 나와 친구의 모습과 비슷하다고 생각했어.

[5~6] 다음을 읽고 물음에 답하세요.

마당

*가지런히 빗질한
㉠*머릿결처럼
마당에 남아 있는
빗자루 자국.

＊ **가지런히**: 나란히 고르게.
＊ **머릿결**: 머리카락의 상태.

 내용 이해

5 이 시에서 ㉠에 빗대어 표현한 것은 무엇인가요? (   )

① 빗　　　　　　② 머리　　　　　　③ 마당

④ 나뭇잎　　　　⑤ 빗자루 자국

 추론하기

6 이 시를 읽고 떠오르는 장면을 알맞게 그린 친구에게 ○표 하세요.

(1) (   )　　　　　　　　　　(2) (   )

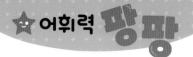

1 다음 뜻에 알맞은 글자를 사과에서 찾아 빈칸에 쓰세요.

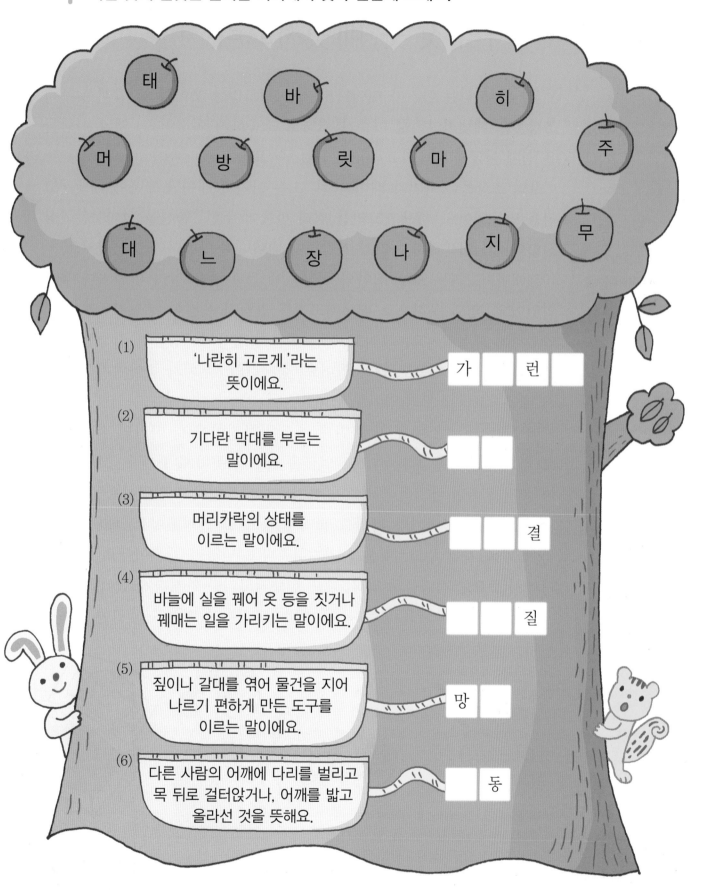

사과: 태, 바, 히, 머, 방, 릿, 마, 주, 대, 느, 장, 나, 지, 무

(1) '나란히 고르게.'라는 뜻이에요.

가 ☐ 런 ☐

(2) 기다란 막대를 부르는 말이에요.

☐ ☐

(3) 머리카락의 상태를 이르는 말이에요.

☐ ☐ 결

(4) 바늘에 실을 꿰어 옷 등을 짓거나 꿰매는 일을 가리키는 말이에요.

☐ ☐ 질

(5) 짚이나 갈대를 엮어 물건을 지어 나르기 편하게 만든 도구를 이르는 말이에요.

망 ☐

(6) 다른 사람의 어깨에 다리를 벌리고 목 뒤로 걸터앉거나, 어깨를 밟고 올라선 것을 뜻해요.

☐ 동

오늘 학습은 어땠나요? ✓해 보세요.　쉬움 ☐　보통 ☐　어려움 ☐

19

설명문 중심 문장과 뒷받침 문장 찾기

아기의 첫 옷, 배냇저고리

*배냇저고리는 아기가 태어나서 처음으로 입는 옷이에요. 그래서 우리 조상들은 배냇저고리를 아주 특별하고 소중하게 여겼어요. 옛날 사람들은 언제 어떻게 배냇저고리를 만들었을까요?

우리 조상들은 아기가 태어난 뒤, 또는 아기가 태어날 즈음에 배냇저고리를 만들었어요. 배냇저고리를 미리 만들어 두면 *출산을 맡아보는 *삼신할머니가 시샘해서 아기가 건강하게 태어나지 못한다며 조심했지요.

어떻게 읽을까?
배냇저고리를 설명하는 글을 읽고. 각 문단의 중심 문장과 뒷받침 문장을 나누어 봐.

㉠배냇저고리는 보통 집안의 어른들이 입던 옷을 잘라 만들거나 물려 입었어요. 입던 옷감으로 배냇저고리를 만들면 옷감이 부드러워져서 더 안전하기 때문이지요. 그리고 집안 어른의 훌륭한 *성품과 건강한 모습을 닮기 바라는 마음도 담겨 있어요. 형제간의 *우애가 좋아지기를 바라서 배냇저고리를 물려 입기도 했어요.

배냇저고리는 소매를 길게 만드는 것이 특징이에요. 아기의 손이 밖으로 나오지 못하게 해서 손으로 얼굴을 할퀴지 못하게 했지요. 그리고 소매를 길게 하면 아기의 손재주가 빠져나가지 못한다고 믿었어요.

배냇저고리는 아기가 자라도 버리지 않고 잘 간직했어요. 배냇저고리가 아기를 지켜 주고, 행운을 가져다준다고 믿었기 때문이에요. 아기가 자라서 중요한 시험을 보러 갈 때면 배냇저고리를 가져가게 했어요.

이처럼 아기가 처음 입는 옷인 배냇저고리는 특별하고 ㉡귀한 옷이랍니다.

* **배냇저고리**: 갓 태어난 아기에게 입히는 옷.
* **출산**: 아기를 낳는 일.
* **삼신할머니**: 옛날 사람들이 믿었던 신으로, 아기를 갖게 해 준다는 신.
* **성품**: 사람의 성질이나 됨됨이.
* **우애**: 형제간의 사랑.

1 이 글의 중심 낱말은 무엇인가요? (　　　)

① 아기　　　　　② 삼신할머니　　　　③ 배냇저고리
④ 옛날 사람들　　⑤ 형제간의 우애

2 ㉠을 뒷받침하는 문장으로 알맞으면 ○표, 알맞지 <u>않으면</u> ✕표 하세요.

(1) 배냇저고리는 소매를 길게 만드는 것이 특징이에요.　　　　　　　(　　　)

(2) 형제간의 우애가 좋아지기를 바라서 배냇저고리를 물려 입기도 했어요.

(　　　)

(3) 그리고 집안 어른의 훌륭한 성품과 건강한 모습을 닮기 바라는 마음도 담겨
있어요.　　　　　　　　　　　　　　　　　　　　　　　　　　(　　　)

(4) 입던 옷감으로 배냇저고리를 만들면 옷감이 더 부드러워져서 더 안전하기
때문이지요.　　　　　　　　　　　　　　　　　　　　　　　　(　　　)

3 이 글을 읽고 배냇저고리에 대해 알맞게 말한 친구의 이름을 쓰세요.

> 윤서: 배냇저고리는 물려 입는 것보다 새로 만든 것이 더 좋대.
> 하루: 배냇저고리가 행운을 가져다준다니 시험 볼 때 가져가야지.

(　　　　　　　)

4 ㉡과 바꾸어 쓸 수 있는 낱말에 ○표 하세요.

흔한	소중한	하찮은

[5~6] 다음을 읽고 물음에 답하세요.

금줄

○옛날에는 아기가 태어나면 대문에 *금줄을 달았어요. ○금줄은 안 좋은 기운이 들어오지 못하도록 문이나 길에 걸어 두는 줄이에요. 마을 사람들은 금줄을 보고 아기가 태어난 것을 알고 축하해 주었어요. ○그리고 금줄이 달린 집에는 *함부로 드나들지 않았답니다. ○갓 태어난 아기는 몸이 약하기 때문에 여러 사람이 집에 드나들면 병에 걸릴 수 있기 때문이에요.

* **금줄**: 함부로 드나들지 못하게 대문이나 길가에 걸어 두는 줄.
* **함부로**: 조심하거나 깊이 생각하지 않고 마구.

5 ○~○ 중 중심 문장의 기호를 쓰세요.

( )

6 이 글을 읽고 금줄에 대해 알맞게 말한 친구의 이름을 쓰세요.

혜리: 금줄을 다는 일은 이웃과 멀어지는 일이야.

선호: 금줄을 보면 마을 사람들은 기분이 나빴을 거야.

미연: 금줄을 달아서 아기를 보호한 것은 지혜로운 일이야.

( )

1 다음 뜻에 알맞은 낱말의 글자를 글자판에서 찾아 쓰세요.

삼	배	판	금
냇	동	아	할
신	리	저	니
고	두	머	줄

(1) 옛날 사람들이 믿었던 신으로, 아기를 갖게 해 준다는 신.

☐ ☐ ☐ ☐ ☐

(2) 갓 태어난 아기에게 입히는 옷.

☐ ☐ ☐ ☐ ☐

(3) 함부로 드나들지 못하게 대문이나 길가에 걸어 두는 줄.

☐ ☐

2 ( ) 안에 들어갈 꾸며 주는 말을 **보기** 에서 찾아 쓰세요.

보기	더욱	중요한	함부로

(1) 금줄이 달린 집에는 ( ) 드나들지 않았답니다.

(2) 아기가 자라서 ( ) 시험을 보러 갈 때면 배냇저고리를 가져가게 했어요.

(3) 형제간의 우애가 ( ) 좋아지기를 바라서 배냇저고리를 물려 입기도 했어요.

오늘 학습은 어땠나요? ✔ 해 보세요.   쉬움 ☐   보통 ☐   어려움 ☐

안내문 아는 내용이나 겪은 일과 관련지어 읽기

○○도서관 이용 안내

어떻게 읽을까?
자신이 아는 내용이나 겪은 일과 관련지으며 도서관 이용을 안내하는 글을 읽어 봐.

○○시민 여러분, 안녕하십니까? ○○도서관 관장입니다. 지난여름 긴 공사를 마치고 새로운 모습으로 도서관 문을 열게 되어 인사드립니다. 오랜 시간 도서관을 이용하지 못해 불편하셨을 텐데 기다려 주셔서 감사합니다.

○○도서관은 이번 공사로 어린이 *열람실을 *확장해 ○○ 어린이 도서관을 새롭게 만들면서 어린이 책을 많이 *비치해 두었습니다. ○○도서관을 찾는 시민 여러분과 어린이들은 쾌적한 도서관 이용을 위해 다음 내용을 꼭 지켜 주시기 바랍니다.

자료 이용 안내

- *대출 권수: 1인 1회 3권까지
- 대출 기간: 2주일
- 열람 방법: 사람들이 쉽게 책을 찾아 읽을 수 있도록 책을 읽은 뒤에는 반드시 *반납함에 놓아 주시거나, 제자리에 놓아 주시기 바랍니다.

이용자 주의 사항

- 도서관에서 뛰어다니거나 시끄럽게 의자를 끌지 않습니다.
- 음식물은 도서관에 가져오거나 도서관에서 먹으면 안 됩니다.

행사 알림

매주 수요일 오후 1시부터 3시까지 어린이와 유아를 위한 어린이 도서관 행사가 열립니다. 알차고 재미있는 독서 수업과 독서 행사가 열릴 예정이니 많은 참여 부탁드립니다.

* **열람실**: 도서관에서 책을 볼 수 있게 만든 방.
* **확장해**: 시설, 사업, 힘 등을 늘려서 넓혀.
* **비치해**: 마련하여 갖추어.
* **대출**: 물건이나 돈을 빌리거나 빌려주는 것.
* **반납함**: 되돌려줄 수 있도록 물건을 넣어 두는 곳.

1　이 글의 내용으로 알맞은 것에 ○표 하세요.

(1) 어린이 도서관은 어린이만 이용할 수 있다.　（　　）

(2) 도서관에서 뛰어다니거나 의자 끄는 소리를 내면 안 된다.　（　　）

(3) 매주 목요일 어린이들을 위한 어린이 도서관 행사가 열린다.　（　　）

2　겪은 일과 관련지어 이 글을 이해한 친구에게 모두 ○표 하세요.

(1) 도서관에 있는 만화책은 모두 읽었어. 만화책이 더 많았으면 좋겠어.

(2) 도서관에서 음식을 먹는 사람이 있어서 냄새 때문에 불쾌한 적이 있었어. 도서관에서 음식을 먹으면 안 돼.

(3) 도서관에서 책을 제자리에 두지 않아서 책을 찾아 읽기 힘든 적이 있었어. 책을 읽은 뒤에는 제자리에 놓아야 해.

3　이와 같은 글을 쓸 때 주의할 점을 모두 고르세요. （　　　　）

① 정확한 내용을 써야 한다.

② 겪은 일의 차례가 드러나게 쓴다.

③ 안내하는 내용이 잘 드러나게 써야 한다.

④ 자신의 생각이나 느낌을 표현하는 것이 중요하다.

⑤ 노래 부르는 듯한 느낌이 들도록 반복되는 표현을 사용한다.

[4~5] 다음을 읽고 물음에 답하세요.

도서관에서 책을 찾는 방법

도서관에 있는 많은 책 중에서 자신이 원하는 책을 어떻게 찾을 수 있을까요?

첫째, 도서관 자료 컴퓨터 프로그램으로 책 제목이나 지은이를 *검색해서 원하는 책을 찾습니다.

둘째, ㉠원하는 책이 대출 중인지, 대출 가능한지 확인합니다.

셋째, 원하는 책의 *청구 기호를 보고 책이 있는 위치를 확인합니다.

넷째, 청구 기호에 맞는 *서가에서 원하는 책을 찾아 보거나 대출합니다.

＊**검색해서**: 책이나 컴퓨터에서 필요한 자료를 찾아내서.
＊**청구 기호**: 책이나 자료가 어디에 있는지 나타내는 기호 표시.
＊**서가**: 책을 얹거나 꽂아 두도록 만든 선반.

4 자신이 겪은 일과 관련지어 ㉠을 이해한 친구의 이름을 쓰세요.

진우: 엉뚱한 열람실에 가서 책을 찾다가 책을 못 찾은 적이 있어.

나리: 대출 가능한지 먼저 확인해야 해. 다른 사람이 이미 책을 빌려 간 줄 모르고 한참 동안 책을 찾은 적이 있어.

(   )

5 다음 그림을 보고, 도서관에서 책을 대출하는 차례에 맞게 숫자를 쓰세요.

(1) (   )   (2) (   )   (3) (   )

1 다음 뜻에 알맞은 낱말을 찾아 색칠하고, 색칠된 모양이 어떤 모양인지 ○표 하세요.
(낱말은 가로, 세로에 쓰여 있어요.)

위	청	구	기	호	확
치	도	서	관	검	장
의	반	납	함	색	하
자	대	공	사	용	다
문	출	열	람	실	책

낱말 열쇠

(1) 책이나 컴퓨터에서 필요한 자료를 찾아내다.
　예 도서관에서 찾고 싶은 책을 컴퓨터에서 ○○했어요.

(2) 물건이나 돈을 빌리거나 빌려주는 것.
　예 도서관에서 읽고 싶은 책을 ○○해서 읽었어요.

(3) 책이나 자료가 어디에 있는지 나타내는 기호 표시.
　예 ○○ ○○를 보고 책이 있는 위치를 알 수 있어요.

(4) 도서관에서 책을 되돌려 줄 수 있도록 물건을 넣어 두는 곳.
　예 도서관에서 빌린 책을 반납할 때에는 ○○○에 넣어 두어요.

(5) 도서관에서 책을 볼 수 있게 만든 방.
　예 도서관 ○○○에서 시끄럽게 말하지 마세요.

 오늘 학습은 어땠나요? ✓해 보세요.　　　쉬움☐　　　보통☐　　　어려움☐　　27

고전 문학 시간 흐름과 장소 변화에 따라 내용 정리하기

플랜더스의 개

뜨거운 해가 쨍쨍 내리쬐는 한여름이었어요. 커다란 머리와 발, 곧게 선 귀를 가진 커다란 개 파트라셰가 힘들게 *수레를 끌고 있었어요. 파트라셰가 끄는 수레 안에는 그릇과 쇳덩이로 만든 물건이 가득했어요.

㉠"어서 가지 못해! 빨리 물건을 날라야 한단 말이야!"

파트라셰의 주인은 느릿느릿 걸으면서 파트라셰에게 *불평만 늘어놓았어요. 주인은 늘 파트라셰를 *모질게 대하고 힘든 일만 시켰어요.

다음 날도 파트라셰는 힘들게 수레를 끌었어요. 주인은 더위에 지쳐 물을 마시면서도 파트라셰에게는 물 한 방울 먹이지 않았지요. 무더위에 무거운 짐을 끄느라 지칠 대로 지친 파트라셰는 결국 길에 쓰러졌어요.

"파트라셰! 어서 일어나지 못해!"

주인은 소리를 질러도 꼼짝 못 하는 파트라셰를 집어 던지듯이 풀숲에 버려 두고 수레를 끌고 떠나 버렸어요.

얼마 뒤, 길을 가던 할아버지가 쓰러진 파트라셰를 발견했어요. 할아버지의 뒤에는 작고 귀여운 손자 네로가 있었지요. 할아버지와 네로는 커다란 파트라셰를 있는 힘을 다해 업고 받쳐서 둘이 사는 *오두막으로 데리고 갔어요.

위다, 『플랜더스의 개』

어떻게 읽을까?
시간 흐름과 장소 변화에 따라 일어난 일을 살피며 읽어 봐.

* **수레**: 물건을 나르게 만든 기구.
* **불평**: 마음에 들지 않아 못마땅하게 여기는 것.
* **모질게**: 마음씨가 몹시 매섭고 독하게.
* **오두막**: 사람이 겨우 살 수 있을 정도의 작고 초라한 집.

내용 이해

1 이 글에서 일이 일어난 때는 언제인가요? (   )

① 봄   ② 한여름   ③ 초가을
④ 겨울   ⑤ 한밤중

구조 알기

2 다음 장소에서 일어난 일을 찾아 선으로 이으세요.

(1) 길 •   • ㉮ 파트라셰가 죽은 듯이 쓰러져 있다.

(2) 풀숲 •   • ㉯ 지친 파트라셰가 힘겹게 수레를 끌고 있다.

추론하기

3 ㉠을 실감 나게 읽는 방법을 알맞게 말한 친구에게 ○표 하세요.

(1) 웃는 표정과 다정한 목소리로 읽는 것이 어울려.

(2) 무서운 표정으로 큰 목소리로 소리치며 읽는 것이 어울려.

(3) 걱정스러운 표정으로 기어들어 가듯이 작은 목소리로 읽는 것이 어울려.

구조 알기

4 다음은 이 글의 내용을 간추린 것이에요. 빈칸에 들어갈 알맞은 낱말을 쓰세요.

수레를 끌다가 풀숲에 쓰러진 파트라셰를 할아버지와 손자 ☐☐ 가 발견하여 오두막으로 데려갔다.

[5~6] 다음을 읽고 물음에 답하세요.

> ㉠"할아버지, 이 개는 살아날 수 있을까요?"
>
> 네로는 떨리는 목소리로 물었어요. 할아버지는 축 늘어진 파트라셰를 위해 오두막 *한구석에 마른풀을 쌓아 줬어요. 마른풀에 누워 잠든 파트라셰를 네로는 날마다 정성껏 보살폈어요.
>
> 그렇게 몇 주가 지난 뒤, 파트라셰는 점점 *기운을 차려서 일어나 밖으로 뛰어나왔어요. 그 모습을 본 네로와 할아버지는 눈물을 흘리며 기뻐했어요. 파트라셰도 네로와 할아버지를 보며 고마운 마음에 꼬리를 흔들었지요. 이후 파트라셰는 네로와 할아버지의 소중한 가족이 되었답니다.
>
> 위다, 『플랜더스의 개』

＊ **한구석**: 한쪽으로 치우쳐 구석진 곳.
＊ **기운**: 사람이나 동물이 살아 움직이는 힘.

5 ㉠에서 짐작할 수 있는 네로의 마음은 무엇인가요? (   )

① 귀찮은 마음　　② 질투하는 마음　　③ 걱정하는 마음
④ 미워하는 마음　　⑤ 고마워하는 마음

6 시간의 흐름에 따라 달라진 파트라셰 모습의 기호를 쓰세요.

㉮ 　　㉯

⑴ 처음 오두막에 왔을 때: (   )

⑵ 몇 주가 지난 뒤: (   )

1 다음 뜻에 알맞은 낱말을 찾아 선으로 이으세요.

(1) 마음씨가 몹시 매섭고 독하다.

(2) 사람이나 동물이 살아 움직이는 힘.

(3) 마음에 들지 않아 못마땅하게 여기는 것.

㉮ 기운　㉯ 불평　㉰ 만족　㉱ 모질다　㉲ 어질다

2 다음 뜻에 알맞은 낱말을 빈칸에 쓰세요.

한쪽으로 치우쳐 구석진 곳.

바퀴를 달아서 굴러가게 만든 기구.

사람이 겨우 살 수 있을 정도의 작고 초라한 집.

(1) 한 □ □

(2) 수 □

(3) □ □ 막

3 (　) 안에 들어갈 알맞은 낱말에 ○표 하세요.

(1) 파트라셰가 힘들게 수레를 (끌고 / 끌리고) 있었어요.

(2) 파트라셰의 주인은 더위에 지쳐서 시원한 물을 마시면서도 파트라셰에게는 물 한 방울 (먹지 / 먹이지) 않았지요.

설명문 주요 내용 확인하기

일할 때 부르는 노래

오래전부터 사람들은 기쁠 때나 슬플 때 노래를 불렀어요. 기쁠 때에는 기쁨을 두 배로, 슬플 때에는 슬픔을 반으로 해 주었기 때문이지요. 일할 때 부르는 노래도 마찬가지예요. 일의 *고단함과 지루함을 줄여 주고, 힘을 더 나게 해 주었어요.

일할 때 부르는 노래는 농사 노래가 가장 많아요. 옛날에는 백성들 대부분이 농사를 지었기 때문이지요. *모내기 소리, *타작 소리 등이 대표적이에요.

일할 때 부르는 노래는 동작을 맞추어 부른다는 특징이 있어요. 여러 사람이 함께 부르는 경우에 '영차영차', '에호에호'와 같이 장단이나 높낮이를 맞추어 되풀이하는 말을 넣어 불렀어요. 이렇게 외치면 흥겹고 동작을 맞출 수 있어서 일을 빠르고 쉽게 할 수 있었어요.

마지막으로, 일할 때 부르는 노래에는 일하는 과정이 들어 있어요. 농사 노래는 벼의 싹인 모를 심고, 풀을 뽑고, 벼를 거두는 과정에 따라 그때그때 노래를 지어 불렀어요. 고기잡이를 할 때에도 그물을 싣고 당기며 고기를 잡는 과정에 따라 노래를 지어 불렀어요.

(가) 여성들이 일할 때 부르는 노래에도 일하는 과정이 들어 있는 노래가 많아요. 옷감을 짜는 과정이 담긴 *길쌈 소리, 바늘에 실을 꿰어 옷을 만들거나 꿰매는 과정이 담긴 바느질 소리, 절구에 곡식을 넣고 빻거나 찧는 과정이 담긴 절구질 소리, *물레를 돌려 고치나 솜에서 실을 뽑아내는 과정이 담긴 물레질 소리 등이 있어요.

어떻게 읽을까?
일할 때 부르는 노래는 어떤 특징이 있는지 내용을 정리하며 읽어 봐.

* **고단함**: 일이 몹시 피곤할 정도로 힘듦.
* **모내기**: 모를 잠시 심어 둔 곳에서 실제로 키울 논으로 옮겨 심는 일.
* **타작**: 벼를 털어서 쌀알을 거두는 일.
* **길쌈**: 실을 내어 옷감을 짜는 모든 일을 이르는 말.
* **물레**: 솜이나 털을 자아서 실을 뽑아내는 틀.

내용 이해

1 이 글에서 설명하는 것은 무엇인가요? (   )

① 옷감 짜는 차례   ② 모내기하는 방법

③ 타작에 필요한 도구   ④ 농사를 시작하는 때

⑤ 일할 때 부르는 노래

구조 알기

2 이 글에 대해 알맞게 말한 친구의 이름을 쓰세요.

> 재우: 일할 때 부르는 노래의 여러 가지 특징을 설명했어.
>
> 후영: 일할 때 부르는 노래를 계절별로 구분해서 비교했어.
>
> 민서: 일할 때 부르는 노래와 아이들이 부르는 노래를 비교했어.

(   )

내용 이해

3 일할 때 부르는 노래의 특징으로 알맞으면 ○표, 알맞지 <u>않으면</u> ✕표 하세요.

(1) 동작을 맞추어 부른다.   (   )

(2) 농사 노래가 가장 많다.   (   )

(3) 일하는 과정이 들어 있다.   (   )

(4) 나라에서 만들어 백성들에게 부르게 한 노래이다.   (   )

추론하기

4 글 (가)를 읽고 짐작할 수 있는 것은 무엇인가요? (   )

① 옛날에는 신발이 귀했다.

② 옛날에는 기와집에 살았다.

③ 옛날에는 학교에 가지 않았다.

④ 옛날에는 남자들이 옷을 만들었다.

⑤ 옛날에는 옷을 직접 만들어 입었다.

[5~6] 다음을 읽고 물음에 답하세요.

동요 배우러 오세요!

"우리들 마음에 빛이 있다면 여름엔 여름엔 파랄 거예요."

동요를 부르면 마음에 무지개가 뜬 것처럼 행복해져요. ㉠함께 동요를 부르며 꿈과 희망을 키워 보아요.

*지휘자 선생님께 즐거운 동요를 배우고, 노래 *실력도 키워 보아요.

- *강사: 꾀꼬리 합창단 지휘자 정명호
- 장소: 샛별 어린이 문화 재단 음악실
- 시간: 매주 금요일 오후 3시

＊ **지휘자**: 모여서 노래를 하거나 연주를 할 때, 앞에서 조화롭게 이끄는 사람.
＊ **실력**: 실제로 가지고 있는 힘이나 능력.
＊ **강사**: 수업을 맡아 가르치는 사람.

5 이 글에서 알 수 있는 내용은 무엇인가요? (   )

① 동요의 역사   ② 동요의 종류
③ 여름과 관련 있는 동요   ④ 동요를 배울 수 있는 장소
⑤ 샛별 어린이 문화 재단의 위치

6 ㉠과 뜻이 비슷한 낱말의 기호를 쓰세요.

| ㉮ 같이 | ㉯ 주로 | ㉰ 따로 |

(   )

어휘력 팡팡

1 보기를 보고 빈칸에 들어갈 알맞은 낱말을 쓰세요.

> 보기
>
> 절구 ✚ －질 ➡ 절구질
> └➤ 그 도구를 가지고 하는 일.

(1)

물레 ✚ －질 ➡ ☐☐☐

: 물레를 돌려 고치나 솜에서 실을 뽑아
내는 일.

(2)

괭이 ✚ －질 ➡ ☐☐☐

: 괭이로 땅을 파는 일.

2 보기와 같이 나머지 낱말을 포함하는 낱말에 ○표 하세요.

> 보기　　타작　　　⟨농사⟩　　　모내기　　　김매기

(1) 기쁨　슬픔
신남　느낌

(2) 선생님
의사　　직업
운동선수

(3) 일　고기잡이
농사
길쌈　바느질

전기문 인물의 성격 알기

하늘을 나는 기계를 만든 레오나르도 다빈치

레오나르도 다빈치는 이탈리아의 산골 마을에서 태어났어요. 청년이 된 다빈치는 화가가 되려고 피렌체로 갔어요. 화가인 베로키오가 운영하는 화실에서 유명한 화가들의 그림을 많이 보고 배웠지요.

다빈치는 *인체뿐만 아니라 움직이는 물건에도 관심이 많았어요. 물건을 움직이는 *원리를 연구해 새로운 기능을 넣는 방법을 *고안했지요.

다빈치가 새로운 물건을 생각해 그림으로 표현하고 있던 어느 날, 한 친구가 다가와 물었어요.

"다빈치, 지금 그리는 물건이 무엇인가?"

"하늘을 나는 기계라네. 과학자 아르키메데스는 지하에 있는 물을 퍼 올리는 펌프를 발명했어. 이 펌프의 둥그런 날개를 비틀어서 기둥에 박고 가운데에서 사람이 힘껏 돌리면 하늘로 떠오르지 않을까?"

"기계와 사람이 하늘로 올라간다고? 그런 일이 어떻게 가능하겠나?"

"해 보지도 않고 안 된다고 하면 이 세상에 새로운 물건은 아무것도 만들 수 없어!"

다빈치가 고안한 하늘을 나는 기계는 그 당시의 기술과 재료로는 만들 수가 없었어요. 하지만 몇백 년이 지나 다빈치가 고안한 *작동 원리를 이용하여 *헬리콥터라는 기계를 만들 수 있었답니다.

어떻게 읽을까?
레오나르도 다빈치가 한 말과 행동을 살펴보고 인물의 성격을 파악해 봐.

* **인체**: 사람의 몸.
* **원리**: 사물의 근본이 되는 이치.
* **고안했지요**: 깊이 연구하여 생각해 냈지요.
* **작동**: 기계를 움직이게 함.
* **헬리콥터**: 회전 날개를 돌려서 하늘을 나는 비행기.

내용 이해

1 이 글은 누구에 대해 쓴 글인지 찾아 쓰세요.

(　　　　　　　　　　　)

추론하기

2 이 글에서 알 수 있는 인물의 성격으로 알맞은 것은 무엇인가요? (　　　)

① 장난스럽다. 　　　② 인정이 많다. 　　　③ 의지가 굳다.
④ 배려심이 없다. 　　⑤ 조심성이 많다.

비판하기

3 이 글에 나오는 인물의 행동에 대해 알맞게 말한 친구의 이름을 쓰세요.

> 경서: 레오나르도 다빈치처럼 불가능해 보이는 것을 빨리 포기하는 것이 더 좋다고 생각해. 그 시간에 더 많은 다른 연구를 할 수 있기 때문이야.
>
> 하림: 레오나르도 다빈치처럼 불가능해 보이는 것에 자꾸 도전해야 한다고 생각해. 여러 가지를 시도해 보아야 새로운 것을 발명할 수 있기 때문이야.

(　　　　　　　　　)

내용 이해

4 (　) 안에 알맞은 낱말을 골라 ○표 하세요.

> 오늘날의 (펌프 / 헬리콥터)는 레오나르도 다빈치가 고안한 하늘을 나는 기계의 작동 원리로 만든 것이다.

1495년, 레오나르도 다빈치가 그린 「최후의 *만찬」의 밑그림이 수도원 벽에 옮겨졌어요. 그런데 다빈치는 어떤 날은 밤새워 그림을 그리다가도 어떤 날은 나흘 내내 붓도 들지 않았어요.

"그림을 하루라도 빨리 그리도록 하라!"

㉠그림을 맡긴 사람이 *재촉했지만 다빈치는 꼼짝하지 않았지요.

"좋은 그림은 빨리 그린다고 나오는 것이 아니야. *영감이 떠올라야 훌륭한 그림을 그릴 수 있어!"

삼 년이 지난 어느 날, 다빈치는 *벽화를 완성했어요. 그림을 본 사람들은 그림이 너무 생생해서 입을 벌리며 감탄했어요.

▲ 레오나르도 다빈치, 「최후의 만찬」

＊ **만찬**: 저녁 식사로 먹기 위하여 차린 음식.
＊ **재촉했지만**: 어떤 일을 빨리 하라고 졸랐지만.
＊ **영감**: 창조적인 일을 하게 만드는 기발하고 좋은 생각.
＊ **벽화**: 건물이나 동굴, 무덤 등의 벽에 그린 그림.

5 레오나르도 다빈치가 ㉠처럼 행동한 까닭은 무엇인가요? (   )

① 건강이 좋지 않아서
② 그림 그릴 재료가 부족해서
③ 밑그림이 마음에 들지 않아서
④ 영감이 떠오를 때까지 기다리려고
⑤ 그림을 보여 줄 장소를 생각하느라고

6 이 글에서 시간을 나타내는 낱말에 모두 ○표 하세요.

| 1495년 | 나흘 | 벽화 | 수도원 |

1 다음 뜻에 알맞은 낱말을 찾아 선으로 이으세요.

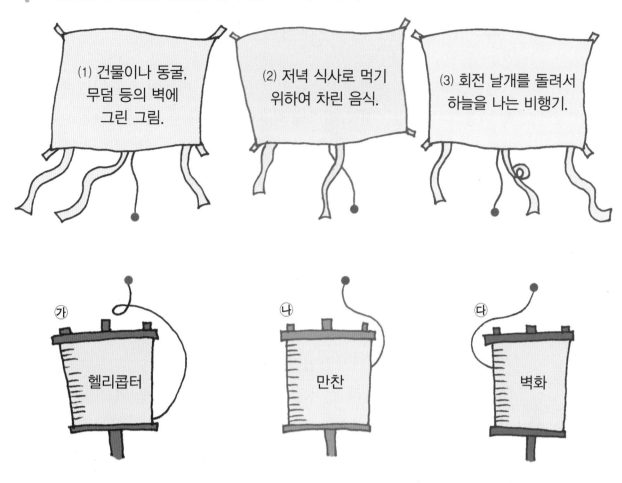

(1) 건물이나 동굴, 무덤 등의 벽에 그린 그림.

(2) 저녁 식사로 먹기 위하여 차린 음식.

(3) 회전 날개를 돌려서 하늘을 나는 비행기.

㉮ 헬리콥터

㉯ 만찬

㉰ 벽화

2 밑줄 친 낱말의 쓰임이 알맞으면 ○표, 알맞지 않으면 ✕표에 색칠하세요.

(1) 청소기 설명서에 청소기 <u>작동</u> 방법이 자세히 나와 있어요.

(2) 화가의 그림에서 <u>영감</u>을 받아 수채화를 완성했어요.

(3) 누나가 방학 숙제를 천천히 하라고 <u>재촉하는</u> 바람에 숙제가 밀렸어.

설명문 글쓴이의 의도 파악하기

모두를 위한 디자인

왼손잡이 가위, 손쉽게 열 수 있는 문고리, 휠체어를 탄 사람이 편리하게 이용할 수 있는 *저상 버스를 사용해 보거나 본 적 있나요? 우리가 *무심코 지나친 이런 물건에는 '모두를 위한 디자인'이 사용되었어요.

모두를 위한 디자인이란 누구나 사용하기 편리한 물건이나 환경을 만들어 주는 디자인을 말해요. 이 디자인이 처음 생겨난 것은 몸이 불편해 휠체어 생활을 하던 미국의 *건축가 로널드 메이스에 의해서였어요.

> **어떻게 읽을까?**
> 글쓴이가 모두를 위한 디자인에 대한 글을 쓴 까닭을 짐작하며 읽어 봐.

모두를 위한 디자인은 누구나 쉽고 편리하게 이용할 수 있도록 하는 데 목적이 있어요. 그렇기 때문에 모두를 위한 디자인은 힘을 덜 들이고 편하게 이용할 수 있는 디자인, 간단하고 사용하기 쉬운 디자인, 안전한 디자인, 이해하기 쉬운 디자인이어야 하지요.

가운데에 구멍이 뚫려 있어서 힘을 덜 들이고 뺄 수 있는 플러그, 남은 시간을 표시해 주는 신호등, 높낮이를 조절할 수 있는 *세면대, 다리가 불편한 사람이 쉴 수 있도록 디자인한 의자 유모차, 계단을 오르기 힘든 사람들을 위한 오르막 등은 모두를 위한 디자인으로 만들어졌어요.

모두를 위한 디자인은 일상생활뿐 아니라 여러 사람들이 함께 이용하는 시설이나 건물에 점점 많이 사용되면서 사람들의 생활을 편리하고 행복하게 만들어 주고 있답니다.

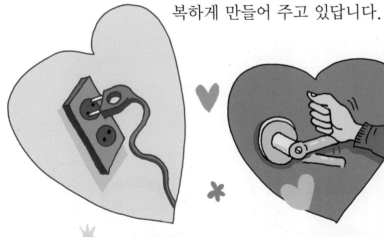

* **저상 버스**: 휠체어를 탄 채 버스에 쉽게 오를 수 있도록 바닥이 낮고 문에 오르막을 설치한 버스.
* **무심코**: 아무런 뜻이나 생각이 없이.
* **건축가**: 집이나 성, 다리 등을 세우거나 쌓아 만드는 일에 대한 전문적인 지식이나 기술을 가진 사람.
* **세면대**: 손이나 얼굴을 씻을 수 있도록 시설을 갖추어 놓은 기구.

1 이 글을 쓴 까닭으로 알맞은 것의 기호를 쓰세요.

> ㉮ 모두를 위한 디자인을 본 생각이나 느낌을 표현하기 위해서이다.
>
> ㉯ 모두를 위한 디자인을 우리 마을에 설치하자고 주장하기 위해서이다.
>
> ㉰ 우리가 일상생활에서 무심코 지나치는 모두를 위한 디자인에 대해 알려 주기 위해서이다.

(   )

2 이 글에서 설명한 내용이 <u>아닌</u> 것에 ○표 하세요.

모두를 위한 디자인의 뜻	모두를 위한 디자인을 처음 만든 사람	모두를 위한 디자인이 고쳐야 할 점
(1) ( )	(2) ( )	(3) ( )

3 모두를 위한 디자인의 특징으로 알맞지 <u>않은</u> 것은 무엇인가요? (   )

① 안전해야 한다.   ② 모양이 커야 한다.

③ 이해하기 쉬워야 한다.   ④ 누구나 쉽게 이용해야 한다.

⑤ 힘을 덜 들이고 이용해야 한다.

4 이 글을 읽고 새롭게 알게 된 점을 알맞게 말한 친구에게 ○표 하세요.

(1) 모두를 위한 디자인이 점점 사라져 간다는 것을 알았어.

(2) 모두를 위한 디자인이 일상생활뿐 아니라 건물이나 시설에도 이용된다는 것을 알게 됐어.

[5~6] 다음을 읽고 물음에 답하세요.

샤넬의 여성을 위한 디자인

　옛날 서양 여자들은 허리를 *잘록하게 조이고, *치렁치렁 긴 치마를 입었어요. 그래서 편하게 움직이기 힘들었지요. 가브리엘 샤넬은 이런 불편한 여자의 옷에 큰 변화를 일으켰어요.

　샤넬은 프랑스의 패션 디자이너로 여자가 활동하기 좋은 옷을 만들었어요. 남자가 입는 겉옷을 *변형하여 여자 옷으로 만들고, 치마 길이도 줄여서 편하게 걸을 수 있게 했어요. 또 가방에는 끈을 달아 어깨에 멜 수 있게 해서 편하게 움직일 수 있게 했답니다.

＊ **잘록하게**: 한 군데가 패어 들어가 있게.
＊ **치렁치렁**: 길게 드리운 물건이 자꾸 이리저리 부드럽게 흔들리는 모양.
＊ **변형하여**: 모양이나 형태를 달라지게 하여.

추론하기

5 이 글을 쓴 까닭으로 알맞은 것에 ◯표 하세요.

(1) 샤넬이 살았던 나라에 대해 알려 주기 위해서야.

(2) 샤넬이 여성을 위한 디자인을 했다는 사실을 알려 주기 위해서야.

문제 해결

6 샤넬이 디자인한 옷을 입은 사람에게 ◯표 하세요.

(1) (　　　　) (2) (　　　　) (3) (　　　　)

1 낱말과 뜻이 알맞게 쓰여진 곳에 선을 그어 길을 찾으세요.

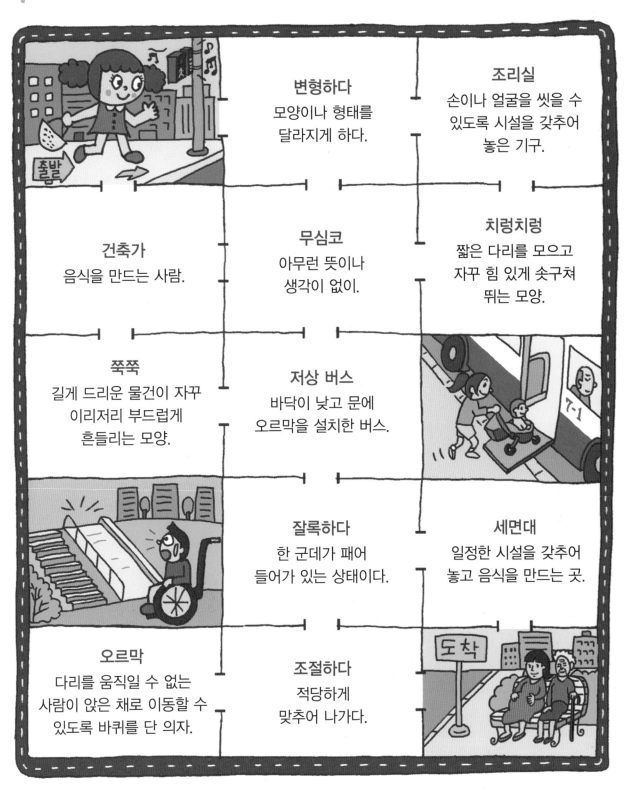

변형하다
모양이나 형태를
달라지게 하다.

조리실
손이나 얼굴을 씻을 수
있도록 시설을 갖추어
놓은 기구.

건축가
음식을 만드는 사람.

무심코
아무런 뜻이나
생각이 없이.

치렁치렁
짧은 다리를 모으고
자꾸 힘 있게 솟구쳐
뛰는 모양.

쭉쭉
길게 드리운 물건이 자꾸
이리저리 부드럽게
흔들리는 모양.

저상 버스
바닥이 낮고 문에
오르막을 설치한 버스.

잘록하다
한 군데가 패어
들어가 있는 상태이다.

세면대
일정한 시설을 갖추어
놓고 음식을 만드는 곳.

오르막
다리를 움직일 수 없는
사람이 앉은 채로 이동할 수
있도록 바퀴를 단 의자.

조절하다
적당하게
맞추어 나가다.

설명문 소개하는 내용 파악하기

캄보디아의 보물, 앙코르와트

앙코르와트는 캄보디아 역사 교과서라고 불릴 만큼 캄보디아를 대표하는 *유적으로, 세계에서 가장 거대한 종교 건축물이에요. 앙코르와트가 발견된 것은 그리 오래되지 않았어요. 아무도 살지 않는 깊은 정글 속에 숨겨져 있었기 때문이지요. 앙코르와트는 1860년에 캄보디아를 탐험하던 프랑스 학자 앙리 무오에 의해 처음 발견되었어요. 그런데 당시 캄보디아인들은 앙코르와트가 있다는 것도, 누가 지었는지도 몰랐어요.

앙코르와트는 '도시 *사원'이란 뜻으로, 12세기 크메르인들이 세운 앙코르 왕국 때 건축되었다고 짐작하고 있어요. 당시 사람들은 왕이 죽으면 신과 같아진다고 믿었기 때문에 사원을 곳곳에 지었다고 해요.

앙코르와트는 어마어마하게 큰 사원이에요. 가운데에 커다란 길이 나 있고, 크고 작은 사원이 600여 개나 *어우러져 있어요. ㉠사원을 둘러싼 *성곽도 여러 겹이고, 폭이 190미터나 되는 연못이 성곽을 둘러싸고 있어요. 바다와 산맥, 산을 건축물에 표현하는 크메르 유적의 특징이 잘 나타나 있는 것이지요. 또한 적이 공격하기 힘들기도 하고요.

앙코르와트는 지어지는 데 37년이나 걸렸을 만큼 ㉡거대하고 아름다운 사원이에요. 앙코르와트를 둘러싼 연못에 비친 앙코르와트의 모습은 특히 인상적이지요. 사원 벽면에 새겨진 크메르 *신화와 역사를 표현하는 조각들도 하나하나가 매우 섬세하고 독특하답니다.

어떻게 읽을까?
글쓴이가 앙코르와트의 어떤 점을 소개하고 있는지 살피면서 읽어 봐.

▲ 앙코르와트

* **유적**: 옛날 사람들이 남긴 표시나 자리. 동굴이나 무덤 터, 건물 터 같은 것을 이름.
* **사원**: 절이나 교회 등 종교적 모임을 위한 장소.
* **어우러져**: 여럿이 조화되어 한 덩어리나 한판을 크게 이루어.
* **성곽**: 적을 막기 위하여 흙이나 돌 등으로 높이 쌓아 만든 담. 또는 그런 담으로 둘러싼 구역.
* **신화**: 신이나 신 같은 존재에 대한 신비스러운 이야기.

내용 이해

1 이 글의 내용으로 알맞지 <u>않은</u> 것은 무엇인가요? (   )

① 앙코르와트는 거대하고 아름답다.

② 앙코르와트는 앙리 무오가 발견하였다.

③ 앙코르와트는 '도시 사원'이라는 뜻이다.

④ 앙코르와트는 크메르 유적의 특징이 잘 나타나 있다.

⑤ 앙코르와트는 캄보디아 사람들이 좋아하는 노래이다.

내용 이해

2 ㉠은 무엇에 대한 설명인지 ○표 하세요.

(1) 사원의 모양   (   )   (2) 사원의 쓰임새   (   )

(3) 사원의 색깔   (   )   (4) 사원을 만든 재료 (   )

어휘 알기

3 ㉡과 바꾸어 쓸 수 있는 낱말은 무엇인가요? (   )

① 작고   ② 웅장하고   ③ 소소하고

④ 아담하고   ⑤ 가느다랗고

비판하기

4 이 글을 자신이 아는 내용과 관련지어 읽은 친구에게 ○표 하세요.

(1) 연못에 비친 앙코르와트의 모습을 보고 싶어.

(2) 앙코르와트를 텔레비전에서 본 적이 있는데 사원의 벽면에 그려진 조각이 섬세했어.

[5~6] 다음을 읽고 물음에 답하세요.

『대동여지도』 사이버 전시실

『대동여지도』는 김정호가 1861년에 만든 우리나라 지도입니다. ㉠『대동여지도』는 *병풍처럼 접거나 펼 수 있는 모양으로 만들어졌습니다. 접었다가 필요할 때 펼쳐 볼 수 있어서 지도를 가지고 다니기 편하고, 원하는 지역의 지도를 찾아보기 쉽습니다. 접힌 지도를 모두 펼치면 가로 4미터, 세로 7미터가 될 정도로 큽니다.

우와! 정말 대단하다. 그 옛날 이런 지도를 만들다니……

위대한 *유물을 책상에 앉아서 보네. 사이버 전시실 너무 좋아!

박물관에서도 펼친 지도는 못 봤는데 사이버 전시실에서 보니 좋아.

* 병풍: 바람을 막거나 무엇을 가리기 위해 혹은 방을 꾸미기 위해 방 안에 둘러치는 물건.
* 유물: 조상들이 남긴 물건.

내용 이해

5 『대동여지도』에 대한 설명으로 알맞으면 ○표, 알맞지 <u>않으면</u> ×표 하세요.

(1) 『대동여지도』가 만들어진 때는 1861년이다.   (   )

(2) 『대동여지도』는 가로 7미터, 세로 4미터이다.   (   )

(3) 『대동여지도』는 김정호가 만든 우리나라 지도이다.   (   )

추론하기

6 ㉠에서 떠올릴 수 있는 지도의 모양으로 알맞은 것의 기호를 쓰세요.

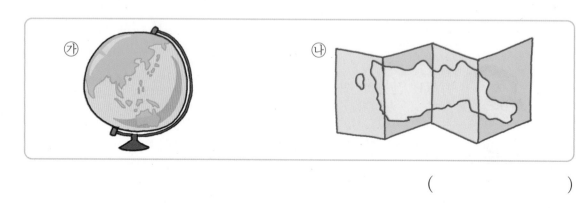

(   )

1 다음 대화에서 질문에 알맞은 답을 빈칸에 쓰세요.

(1)

(2)

2 ( ) 안에 알맞은 낱말을 골라 ○표 하세요.

(1) 앙코르와트는 연못으로 (둘러싸여 / 둘러쌓여) 있다.

(2) (접힌 / 접핀) 지도를 모두 펼치면 가로 4미터, 세로 7미터가 된다.

(3) 앙코르와트는 크고 작은 사원이 600여 개나 (어울러져 / 어우러져) 있다.

오늘 학습은 어땠나요? ✓해 보세요. 쉬움☐ 보통☐ 어려움☐

동시 시에서 감각적 표현 찾기

꽃씨

김완기

몰래
겨울을 녹이면서
봄비가 내려와 앉으면

어떻게 읽을까?
꽃씨가 싹이 트는 모습을
어떻게 표현했는지 생각하
며 시를 읽어 봐.

꽃씨는
땅속에 살짝 *돌아누우며
눈을 뜹니다.

봄을 기다리는 아이들은
㉠쏘옥
손가락을 집어넣어 봅니다.

꽃씨는 저쪽에서
고개를 *빠끔
*얄밉게 숨겨 두었던
㉡파란 손을 내밉니다.

* **돌아누우며**: 누운 채로 몸을 돌려 반대쪽으로 향하며.
* **빠끔**: 구멍이나 틈 사이로 살짝 보이는 모양을 나타낸 말.
* **얄밉게**: 말이나 행동 등이 재빠르고 밉게.

1 이 시에 나타난 계절은 언제인가요? (　　　)

① 봄　　　　　　　② 여름　　　　　　　③ 가을

④ 겨울　　　　　　⑤ 알 수 없음.

2 ㉠에 대해 알맞게 말한 것의 기호를 쓰세요.

> ㉮ 새싹이 돋아나는 모양을 흉내 내는 말이다.
> ㉯ 구멍이나 틈 사이로 살짝 보이는 모양을 흉내 내는 말이다.
> ㉰ 무엇을 한번에 안으로 밀어넣거나 바깥으로 빼는 모양을 흉내 내는 말이다.

(　　　　　　　)

3 ㉡이 뜻하는 것은 무엇인가요? (　　　)

① 새싹　　　　　　② 구름　　　　　　③ 엄마 손

④ 파란 열매　　　　⑤ 나무뿌리

4 말하는 이와 비슷한 경험을 떠올려 말한 친구에게 ○표 하세요.

(1) 여름에 비가 많이 와서 운동장에 물구덩이가 생겼어.

(2) 시골에 계신 할머니 집에 놀러 가서 얼음판에서 썰매를 타며 놀았어.

(3) 봄날 산책을 하는데 파릇한 새싹이 돋은 걸 보고 신기하게 생각했어.

[5~6] 다음을 읽고 물음에 답하세요.

사과

㉠아삭아삭 크게 한 입 *베어 무니
㉡새콤달콤 *과즙이 흘러넘치네.

㉢요리조리 *살뜰히 베어 먹으니
새콤달콤 사과 향이 몸에 *배네.

＊ **베어**: 물건을 끊거나 잘라내어.
＊ **과즙**: 과일에서 나오는 즙.
＊ **살뜰히**: 일을 매우 정성스럽게 해 빈틈이 없이.
＊ **배네**: 냄새가 스며들어 오래도록 남아 있네.

5 ㉠~㉢ 중 사과를 베어 먹는 소리를 생생하게 표현한 부분의 기호를 쓰세요.

(   )

6 이 시에 대한 생각이나 느낌을 알맞게 말하지 <u>못한</u> 친구에게 ○표 하세요.

 (1) 시를 읽으니 새콤달콤한 사과 맛이 느껴져.

 (2) 과수원에서 사과 따기 체험을 했는데 힘들었어.

 (3) 흉내 내는 말을 사용해서 사과를 먹고 있는 것 같은 생생한 느낌이 들어.

1 다음 뜻에 알맞은 낱말에 색칠하세요. (낱말은 가로, 세로에 쓰여 있어요.)

빠	끔	살	뜰	히	쏘
아	주	르	륵	쾅	옥
삭	요	리	조	리	바
아	훌	쩍	훌	쩍	삭
삭	새	콤	달	콤	팡

낱말 열쇠

(1) 과일이나 채소를 가볍게 베어 물 때 나는 소리를 흉내 낸 말.
  예 ○○○○ 사과를 베어 먹어요.

(2) 약간 신맛이 나면서도 단맛이 나서 맛깔스러운 느낌.
  예 ○○○○ 맛있는 귤이에요.

(3) 구멍이나 틈 사이로 살짝 보이는 모양을 나타낸 말.
  예 동생이 문 밖으로 ○○ 고개를 내밀었어요.

(4) 일정한 방향이 없이 요쪽 조쪽으로.
  예 술래잡기 놀이에서 안 잡히려고 ○○○○ 피해 다녔어요.

(5) 일을 매우 정성스럽게 해 빈틈이 없이.
  예 우리는 다친 병아리를 ○○○ 보살폈어요.

오늘 학습은 어땠나요? ☑해 보세요.　　쉬움☐　　보통☐　　어려움☐

조사 보고서 **중심 생각 찾기**

임금님의 초상화, 어진

어떻게 읽을까?
어진에 대해 조사한 내용에서 중심 생각을 찾으며 읽어 봐.

조사 목적	사진이 없던 옛날에는 왕의 얼굴을 *초상화로 그려 *후세에 남겼는데, 왕의 초상화인 어진을 누가, 어떻게 그렸는지 알고 싶었다.
조사 방법	• 국립 중앙 박물관 견학하기 • 인터넷 누리집 이용하기 • 어진에 대해 쓴 책 읽기
조사 내용	 ▲ 영조 어진 어진은 시험을 보고 뽑힌 실력이 뛰어난 화가 여러 명이 함께 그렸다. 화가들은 역할을 나누어 그중 실력이 가장 뛰어난 화가가 왕의 얼굴을 중심으로 밑그림을 그렸다. 화가들은 주로 궁궐에서 왕의 ㉠허락을 받아 왕을 직접 보고 그렸다. 밑그림이 완성되면 왕과 신하들은 그림을 보고 의견을 나누어 고치고 또 고치는 과정을 거쳐서 *비단 위에 그림을 옮겨 그려서 완성하였다. 어진은 왕의 *권위를 높이고 후세에 전하기 위해 그리는 것이므로 ㉡생김새뿐 아니라 성격이 *드러나게 ㉢자세하게 그려야 했다.
알게 된 점	조선 시대의 어진은 왕이 가진 힘을 나타낸다는 것과 수많은 왕의 어진 중 불과 다섯 *점만 남아 있다는 것을 새롭게 알게 되었다.

* **초상화**: 사람의 얼굴을 보고 그린 그림.
* **후세**: 다음에 오는 세상. 또는 다음 세대의 사람들.
* **비단**: 명주실로 짠 광택이 나는 옷감. 가볍고 빛깔이 우아하며 촉감이 부드러움.
* **권위**: 다른 사람을 이끌어 따르게 하는 힘.
* **드러나게**: 가려 있거나 보이지 않던 것이 보이게.
* **점**: 그림, 옷 등을 세는 단위.

내용 이해

1 이 글에서 '어진'을 조사한 방법에 모두 ○표 하세요.

(1) 전문가에게 직접 물어보았다.   (   )

(2) 어진에 관한 책을 찾아보았다.   (   )

(3) 박물관에 가서 어진을 직접 살펴보았다.   (   )

(4) 친구들에게 어진에 대한 설문 조사를 했다.   (   )

구조 알기

2 '어진'을 그리는 차례에 맞게 숫자를 쓰세요.

(1) 시험을 보고 어진을 그릴 화가를 뽑는다.   (   )

(2) 여러 번 고친 그림을 비단에 옮겨 그려 초상화를 완성한다.   (   )

(3) 왕의 허락을 받아 왕을 직접 보고 초상화의 밑그림을 그린다.   (   )

내용 이해

3 다음에서 조사 내용의 중심 생각을 찾아 기호를 쓰세요.

> ㉮ 어진은 백성의 얼굴을 그린 초상화로, 백성과 친근한 그림이다.
>
> ㉯ 어진을 그리는 화가조차 왕을 볼 수 없을 만큼 조선 시대에는 왕의 권위가 높았다.
>
> ㉰ 왕의 초상화 어진은 뛰어난 화가가 모여 밑그림을 그리고 왕과 신하가 의견을 나눈 뒤에 그릴 만큼 왕의 권위를 나타내는 귀한 그림이다.

(   )

어휘 알기

4 ㉠~㉢과 바꾸어 쓸 수 있는 낱말을 선으로 이으세요.

(1) ㉠ 허락   ●   ● ㉮ 모습

(2) ㉡ 생김새   ●   ● ㉯ 승낙

(3) ㉢ 자세하게 ●   ● ㉰ 상세히

[5~6] 다음을 읽고 물음에 답하세요.

임금이 입던 옷, 곤룡포

옛날 임금은 어떤 옷을 입었을까요? 임금이 궁궐에서 신하들을 모아 놓고 나라를 다스릴 때에 곤룡포를 입었어요. 곤룡포는 붉은색 비단 위에 가슴과 등, 어깨에 임금을 나타내는 용무늬를 수놓아 임금의 권위를 표현했어요.

임금은 반듯하게 곤룡포를 입고, 허리에는 *옥대를 두르고 머리에는 *익선관을 쓰고, 발목까지 오는 신발을 신고 *위엄 있는 모습으로 나라를 다스렸답니다.

* **옥대**: 왕이나 세자 등이 허리에 두른 옥으로 장식하여 만든 띠.
* **익선관**: 왕과 왕세자가 곤룡포를 입고 나랏일을 할 때에 쓰던 관.
* **위엄**: 존경할 만한 힘이 있어 점잖고 엄숙함. 또는 그런 태도.

내용 이해

5 이 글의 내용으로 알맞은 것에 ○표, 알맞지 <u>않은</u> 것에 ×표 하세요.

(1) 곤룡포에는 신비로운 동물인 해태를 수놓았다. ( )

(2) 곤룡포는 임금이 나라를 다스릴 때 입는 옷이다. ( )

(3) 임금은 허리에 옥대를 찼으며, 머리에 익선관을 썼다. ( )

내용 이해

6 이 글의 중심 생각을 알맞게 말한 친구의 이름을 쓰세요.

은우: 곤룡포는 붉은색 비단으로 만들어야 예쁘다는 거야.

미라: 임금은 궁궐에서 왕의 권위를 표현하는 곤룡포를 입고 위엄 있는 모습으로 나라를 다스렸어.

( )

1 빈칸에 들어갈 알맞은 낱말을 보기에서 찾아 사다리를 타고 내려가 쓰세요.

보기   점   옥대   익선관

그림 한 [ ]이
매우 귀하다.

임금은 머리 위에
[ ]을 썼다.

임금은 허리에
[ ]를 둘렀다.

(1)   (2)   (3)

2 ( ) 안에 알맞은 낱말을 골라 ○표 하세요.

(1) 책상 위에 책이 (반드시 / 반듯이) 놓여 있다.

(2) 아무리 작은 일이라도 (맡은 / 맞은) 일에 책임을 다해야 한다.

(3) 어진은 왕의 생김새뿐만 아니라 성격이 (드러나게 / 들어나게) 자세하게
그려야 한다.

논설문 글쓴이의 의견과 까닭 파악하기

스포츠 정신을 지켜요

우리는 운동 경기를 할 때에 스포츠 정신을 지켜야 해요. 스포츠 정신이란, 서로 올바르게 실력을 겨루고 경기 결과에 상관없이 상대를 *존중하고 *배려하려는 마음가짐과 태도를 말해요. 이런 스포츠 정신을 지키려면 어떻게 해야 할까요?

첫째, 경기 자체를 즐겨야 해요. 스포츠 경기에서 이기려고만 하지 말고, 선수들끼리 응원하고 서로 존중하면서 경기 자체를 즐기는 것이 중요해요. 경기를 *집중하며 즐기다 보면 힘든 과정을 이겨 내고 극복하면서 자신감과 성취감을 얻을 수 있어요.

어떻게 읽을까?
제목과 중심 내용을 바탕으로 글쓴이의 의견과 그 까닭을 찾으면서 읽어 봐.

둘째, 규칙을 잘 지키며 경기를 해야 해요. 경기에서 이기더라도 규칙을 *어겨서 승리했다면 그 승리는 바람직하지 못한 일이에요. ㉠"가랑비에 옷 젖는 줄 모른다."라는 말이 있지요. '이 정도는 괜찮겠지.'라고 생각해서 모두가 작은 규칙을 계속 어기다 보면 결국 아무도 규칙을 지키지 않아 스포츠 경기를 할 수 없게 될 거예요.

셋째, 경기 결과를 겸손하게 받아들여야 해요. 스포츠 경기에서 이기는 것만큼 최선을 다해 노력하는 과정도 중요해요. 이긴 사람이나 진 사람 모두 경기의 결과를 있는 그대로 받아들이고 상대의 노력과 뛰어난 점을 *인정해 주어야 해요. 또, 진 사람은 어떤 점이 부족했는지 되돌아보고 자신의 실력을 키우는 기회로 삼아야 하지요.

스포츠 정신은 스포츠를 더욱 즐기게 해 주며 스포츠의 의미와 감동을 더해 주지요. 그래서 우리는 스포츠 정신을 보여 준 선수들에게 아낌없는 칭찬과 응원을 보내는 것이랍니다.

＊**존중하고**: 높이어 귀중하게 대하고.
＊**배려하려는**: 도와주거나 보살펴 주려고 마음을 쓰려는.
＊**집중하며**: 한 가지 일에 모든 힘을 쏟아부으며.
＊**어겨서**: 규칙이나 약속, 명령 등을 지키지 않아서.
＊**인정해**: 확실히 그렇다고 여겨.

1 이 글에 나타난 글쓴이의 의견은 무엇인가요? (   )

① 스포츠 정신을 지켜야 한다.   ② 스포츠 선수를 존중해야 한다.

③ 스포츠 경기에서 꼭 이겨야 한다.   ④ 스포츠 선수는 체력을 키워야 한다.

⑤ 스포츠를 즐기듯이 공부를 즐겨야 한다.

2 다음은 어떤 의견에 대한 까닭인지 알맞은 의견에 ○표 하세요.

> 스포츠 경기에서 이기는 것만큼 최선을 다해 노력하는 과정이 중요하다.

⑴ 규칙을 잘 지키며 경기해야 한다.   (   )

⑵ 경기 결과를 겸손하게 받아들여야 한다.   (   )

3 ㉠의 속담에 대해 알맞게 말한 친구의 이름을 쓰세요.

> 우주: 열심히 공부하지 않아서 후회하는 상황에서 쓸 수 있어.
>
> 주훈: 청소를 하지 않고 어떻게 할까 의논만 하는 상황에 어울려.
>
> 미소: 매일 군것질을 하다가 용돈을 다 써 버린 상황에서 쓸 수 있어.

(   )

4 이 글을 읽고 바르게 행동한 친구에게 ○표 하세요.

⑴ 축구 경기에서 져서 무척 속상했지만 이긴 친구에게 잘했다고 칭찬해 주었어.

⑵ 농구 경기에서 졌을 때 다음 경기에서는 규칙을 어겨서라도 이기리라 다짐했어.

57

[5~6] 다음을 읽고 물음에 답하세요.

스키장 사용 안내문

하늘산 스키장 관리소에서 알려 드립니다. '하늘'은 *가파른 상급 *슬로프이고, '무지개'는 *완만한 중급 슬로프입니다.

자신에게 알맞은 슬로프를 정해서 타야 합니다. 자신의 실력보다 높은 슬로프에서 스키를 타면 넘어지거나 다칠 위험이 높아집니다.

㉠스키를 타다가 쉬고 싶을 경우에는 슬로프 가장자리로 이동해 주세요. 슬로프 중간에서 멈추면 다른 사람과 부딪쳐 큰 사고가 날 수 있으니 주의해 주시기 바랍니다.

하늘산 스키장 관리소장

＊ **가파른**: 몹시 경사지고 험한 상태인.
＊ **슬로프**: 스키장에서 스키를 탈 수 있는 경사진 곳.
＊ **완만한**: 경사가 심하지 않은 상태인.

5 이 안내문을 볼 수 있는 곳은 어디인가요? (　　　)

① 음식점　　　　② 공원 매표소　　　③ 학교 도서관
④ 야구장 입구　　⑤ 하늘산 스키장

6 ㉠의 까닭으로 알맞은 것의 기호를 쓰세요.

㉮ 더 멋있게 탈 수 있다.
㉯ 속도를 내서 더 빠르게 탈 수 있다.
㉰ 사고가 나지 않고 안전하게 탈 수 있다.

(　　　　　　)

1 ( ) 안에 알맞은 낱말을 골라 ○표 하세요.

(1) 경사가 (가파른 / 완만한) 곳은 위험할 수 있다.

(2) 경사가 (가파른 / 완만한) 곳은 안전하게 탈 수 있다.

2 다음 뜻과 이어진 길을 따라가 속담을 찾으세요.

(1) 무슨 일이나 그 일의 시작이 중요함을 이르는 말.

(2) 아무리 작은 것이라도 그것이 계속되면 크게 된다는 말.

(3) 말만 잘하면 어려운 일이나 불가능해 보이는 일도 해결할 수 있다는 말.

㉮ 말 한마디에 천 냥 빚도 갚는다

㉯ 가랑비에 옷 젖는 줄 모른다

㉰ 천 리 길도 한 걸음부터

오늘 학습은 어땠나요? ✔해 보세요.　　쉬움☐　　보통☐　　어려움☐

전래 동화 이야기의 원인과 결과 파악하기

다자구 할머니

어떻게 읽을까?
다자구 할머니에게 일어난 일의 원인과 결과를 찾으면서 읽어 봐.

옛날, 경상북도 죽령이라는 고개에서 *산적들이 오가는 사람들을 괴롭혔어요. *관가에서는 군사를 보냈지만 산적들을 잡지 못했어요.

"음, 어떻게 하면 *고약한 산적을 잡을 수 있을까?"

고을 원님은 산적 때문에 고민이 *이만저만이 아니었어요.

그러던 어느 날 나이 많은 할머니가 관가로 찾아와서 *대뜸 말했지요.

"제가 산적을 잡을 수 있습니다. 산적들이 사는 곳으로 들어가서 신호를 보낼 테니 그때 군사를 이끌고 와서 산적들을 무찔러 주십시오."

㉠"젊은 사람도 못 잡는 산적을 어떻게 힘없는 노인이 잡는단 말이오?"

"저는 힘은 없지만 나이를 먹은 만큼 지혜도 많답니다. 죽기 전에 고을 사람들에게 좋은 일을 하고 싶습니다."

할머니의 말을 듣고 감동한 원님은 할머니를 산으로 보냈어요.

산으로 올라간 할머니는 두리번거리다가 갑자기 "다자구야, 더자구야."라고 외치며 흐느꼈어요. 이 모습을 본 산적들은 어리둥절해하며 이유를 물었지요.

"흑흑, 제겐 '다자구'와 '더자구'라는 두 아들이 있지요. 그런데 두 아들이 아무 말 없이 집을 나갔지 뭡니까? 그래서 온 나라를 돌아다니며 이렇게 찾고 있어요."

산적들은 할머니의 정성에 감동해서 자신들이 사는 곳으로 데려왔어요. 그리고 아들을 찾을 때까지 자신들이 사는 마을에 머무르게 하며 집안일을 하게 했지요.

* **산적**: 산속에 집을 두고 드나드는 도둑.
* **관가**: 벼슬아치들이 나랏일을 보던 집.
* **고약한**: 사납고 못된.
* **이만저만**: 이만하고 저만한 정도로.
* **대뜸**: 이것저것 생각할 것 없이 그 자리에서 곧.

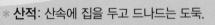

내용 이해

1 이 글에서 일이 일어난 곳을 찾아 빈칸에 쓰세요.

경상북도 ☐☐ 이라는 고개

내용 이해

2 다음은 이 글의 원인과 결과를 간추린 것이에요. 빈칸에 들어갈 내용으로 알맞은 것은 무엇인가요? (   )

원인		결과
	➡	산적들은 할머니를 자신들이 사는 곳으로 데려왔다.

① 할머니를 해치려고 했다.

② 할머니를 겁주려고 했다.

③ 할머니의 아들을 찾는 정성에 감동을 받았다.

④ 할머니가 산적들이 사는 곳을 청소해 준다고 했다.

⑤ 할머니의 "다자구야, 더자구야."라는 말의 뜻이 알고 싶었다.

추론하기

3 할머니의 성격을 알맞게 말한 친구에게 ○표 하세요.

 (1) 할머니는 원님의 말을 귀담아듣지 않는 고집 센 사람이야.

 (2) 할머니가 산적들을 도와주는 것을 보니 인정이 많은 분이야.

 (3) 할머니는 고을 사람들을 도와주려고 하는 것을 보니 마음씨가 착해.

추론하기

4 ㉠에서 알 수 있는 원님의 마음은 무엇인가요? (   )

① 반가운 마음   ② 서운한 마음   ③ 미안한 마음

④ 즐거운 마음   ⑤ 믿기 힘든 마음

[5~6] 다음을 읽고 물음에 답하세요.

산적 *두목의 생일날, 할머니는 산적들에게 *독한 술과 맛있는 음식을 *대접했어요. 산적들이 술에 취해 잠이 들자 할머니는 마을을 향해 크게 외쳤어요.

"더자구야! 더자구야!"

산적들은 할머니가 아들을 찾는 줄 알고 쿨쿨 계속 자고 있었죠.

"다자구야! 다자구야!"

할머니 소리에 군사들이 우르르 몰려와서 산적들을 모두 붙잡았지요.

'더자구야, 다자구야'는 할머니가 군사들에게 보낸 신호였어요. '더자구야'는 산적들이 아직 잠이 덜 들었다, '다자구야'는 이제 모두 잠들었다는 뜻이었지요. 할머니의 지혜로 산적이 사라진 고을은 다시 편안해졌어요.

* **두목**: 무리의 우두머리.
* **독한**: 맛, 냄새 등의 정도가 지나치게 심한.
* **대접했어요**: 음식을 차려 내주거나 사 주었어요.

5 다음 일 때문에 일어난 결과에 ○표 하세요.

산적들은 할머니가 준비한 독한 술과 맛있는 음식을 먹고 잠이 들었다.

(1) 산적들이 군사들에게 모두 붙잡혔다.　　　　　　　　　　　　　(　　　)

(2) 산적들과 군사들이 맞서 싸우기 시작했다.　　　　　　　　　　(　　　)

6 이 글을 읽고 깨달은 점을 알맞게 말한 친구의 이름을 쓰세요.

민아: 산적들은 술 때문에 군사들에게 잡혔어. 음식을 조심해야 해.

달래: 산적들을 물리칠 수 있었던 것은 군사들의 무기가 아니라 할머니의 지혜였어. 나도 지혜로운 사람이 되도록 노력할래.

(　　　　　　)

1 보물 지도의 빈칸에 들어갈 낱말을 보기 에서 찾아 쓰세요. 그리고 산적이 찾는 보물에 ○표 하세요.

보기 　관가　　산적　　대뜸　　고약하다　　대접하다

출발

산속에 집을 두고 드나드는 도둑.

(1) □□

벼슬아치들이 나랏일을 보던 집.

(2) □□

이것저것 생각할 것 없이 그 자리에서 곧.

(3) □□

음식을 차려 내주거나 사 주다.

(4) □□□□

사납고 못되다.

(5) □□□□

도착

내가 찾는 건 '관가'에 들어 있는 보물이야.

목걸이　　왕관
금덩이　　다이아몬드
반지

설명문 대상의 같은 점과 다른 점 알기

가야금과 거문고

가야금과 거문고는 우리나라의 대표적인 현악기예요. 가야금과 거문고는 닮은 듯 다른 악기라서 두 악기를 구별하기는 쉽지 않아요. 가야금과 거문고는 어떤 점이 같고 어떤 점이 다른지 한번 알아볼까요?

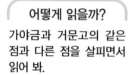

어떻게 읽을까?
가야금과 거문고의 같은 점과 다른 점을 살피면서 읽어 봐.

가야금과 거문고는 줄을 *튕기거나 ㉠*켜서 소리를 내는 현악기라는 점이 같아요. 가야금과 거문고를 연주하는 자세도 비슷하지요. 두 악기는 모두 바닥에 주저앉아 무릎 위에 악기를 올려놓고 연주해요. 또 가야금과 거문고는 만드는 ㉡재료도 똑같지요. 악기의 앞판은 오동나무, 뒤판은 밤나무로 만들고, 줄은 명주실을 ㉢*꼬아 만든답니다.

그러나 가야금과 거문고는 다른 점이 많아요. 가야금과 거문고는 줄의 수와 두께가 달라요. 가야금의 줄의 수가 거문고보다 더 많아요. 가야금은 열두 줄인데 거문고는 여섯 줄로 이루어져 있지요. 줄의 수는 거문고가 더 적지만 거문고의 줄이 가야금의 줄보다 더 ㉣두껍답니다.

가야금과 거문고는 소리를 내는 방법도 달라요. 가야금은 열두 줄을 손가락으로 튕겨서 소리를 내지만 거문고는 손가락이 아니라 술대라는 대나무로 만든 채로 줄을 ㉤치며 연주하지요.

그래서 가야금과 거문고의 소리가 다르답니다. 가야금은 가늘고 *화려한 소리가 나고, 거문고는 굵고 *웅장한 소리가 나요. 가야금과 거문고는 우리 민족에게 사랑받는 악기랍니다.

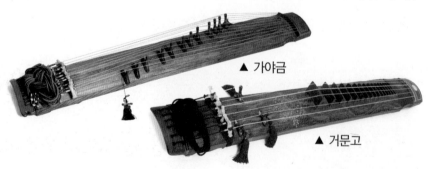

▲ 가야금

▲ 거문고

* **튕기거나**: 기타, 하프 등의 현을 당겼다 놓아 소리가 나게 하거나.
* **켜서**: 현악기의 줄을 활 따위로 문질러 소리를 내어.
* **꼬아**: 가는 줄 등의 여러 가닥을 비비면서 엇감아 한 줄로 만들어.
* **화려한**: 환하게 빛나며 곱고 아름다운.
* **웅장한**: 크기나 분위기 등이 무척 크고 무게가 있는.

내용 이해

1 이 글에서 설명하는 것은 무엇인가요? (   )

① 우리나라의 전통 악기   ② 가야금과 거문고의 역사

③ 가야금과 거문고의 크기   ④ 가야금과 거문고를 처음 만든 사람

⑤ 가야금과 거문고의 공통점과 차이점

내용 이해

2 가야금과 거문고의 같은 점을 알맞게 말한 친구에게 모두 ○표 하세요.

 (1) 가야금과 거문고는 모두 열두 줄이야.

 (2) 가야금과 거문고의 앞판은 모두 오동나무로 만들어.

 (3) 가야금과 거문고는 우리나라의 대표적인 현악기야.

구조 알기

3 다음은 이 글의 내용을 간추린 것이에요. 빈칸에 들어갈 알맞은 낱말을 쓰세요.

> 가야금과 거문고는 우리나라의 대표적인 □□□로 만드는 재료와 연주할 때 앉는 자세가 같다. 그러나 가야금과 거문고는 줄의 수와 두께가 다르다. 가야금은 손으로, 거문고는 □□를 이용해 연주한다. 가야금은 가늘고 화려한 소리가 나고, 거문고는 굵고 웅장한 소리가 난다.

어휘 알기

4 ㉠~㉤과 짝 지어진 두 낱말의 관계가 다른 것은 무엇인가요? (   )

① ㉠ 켜서 – 문질러서   ② ㉡ 재료 – 소재

③ ㉢ 꼬아 – 비틀어   ④ ㉣ 두껍답니다 – 얇답니다

⑤ ㉤ 치며 – 튕기며

[5~6] 다음을 읽고 물음에 답하세요.

배구와 비치발리볼

　배구와 비치발리볼은 모두 그물을 사이에 두고 공을 상대 팀의 바닥에 떨어뜨려서 점수를 얻는 경기예요. 이렇게 경기하는 방법은 비슷하지만 배구와 비치발리볼은 다른 점이 있어요.

　배구는 주로 실내 경기장에서 하지만, 비치발리볼은 주로 바닷가 *모래 사장에서 해요. 여섯 명이 한 팀인 배구와 달리 비치발리볼은 두 명이 한 팀이 되어 경기를 치르지요. 또, 비치발리볼에 쓰는 공은 배구공보다 더 물렁물렁해요. 경기 규칙도 조금 달라요. 배구는 세 경기를 먼저 이기는 팀이 승리하는데, 비치발리볼은 두 경기를 먼저 이기는 팀이 승리하지요.

＊ **모래사장** : 강가나 바닷가에 있는 넓고 큰 모래벌판.

5 그림 속 경기에 대한 설명으로 알맞은 것을 골라 기호를 쓰세요.

⑦ 주로 실내 경기장에서 한다.　　④ 두 경기를 먼저 이기는 팀이 이긴다.

(1) (　　　　)　　　　　　　　　　(2) (　　　　)

6 배구와 비치발리볼의 같은 점으로 알맞은 것에 ○표 하세요.

(1) 작고 단단한 공으로 경기를 한다.　　　　　　　　　　　(　　　)

(2) 그물을 사이에 두고 공을 상대 팀의 바닥에 떨어뜨려 점수를 얻는다.

(　　　)

1 첫소리를 참고해 다음 뜻에 알맞은 낱말을 쓰세요.

(1)

ㅎ ㄹ ㅎ ㄷ   환하게 빛나며 곱고 아름답다.   ☐ ☐ ☐ ☐

(2)

ㅁ ㄹ ㅅ ㅈ   강가나 바닷가에 있는
넓고 큰 모래벌판.   ☐ ☐ ☐ ☐

(3)

ㅇ ㅈ ㅎ ㄷ   크기나 분위기 등이
무척 크고 무게가 있다.   ☐ ☐ ☐ ☐

(4)

ㅌ ㄱ ㄷ   기타, 하프 등의 현을
당겼다 놓아 소리가 나게 하다.   ☐ ☐ ☐

2 다음 낱말과 반대되는 뜻을 가진 낱말을 꾸러미에서 찾아 ○표 하세요.

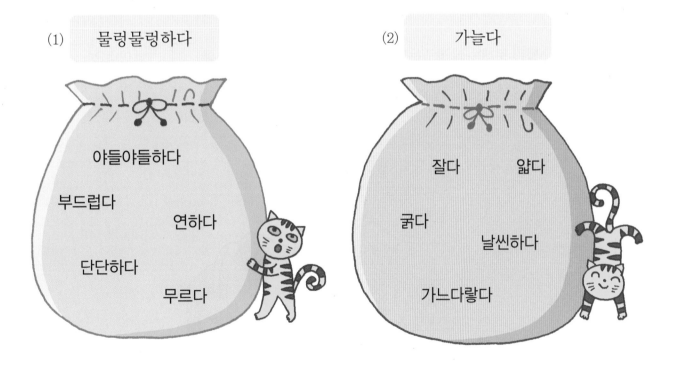

(1) 물렁물렁하다

야들야들하다
부드럽다
연하다
단단하다
무르다

(2) 가늘다

잘다   얇다
굵다
날씬하다
가느다랗다

〈대단한 독해〉 한 권 끝!

공부하느라 수고했어요. 어떻게 공부했는지
스스로 돌아보며 ✓표 해 보세요.

	예	아니요
한 회씩 꾸준히 공부했나요?	□	□
스스로 공부했나요?	□	□
문제를 끝까지 다 풀었나요?	□	□
재미있게 공부했나요?	□	□
틀린 문제는 왜 틀렸는지 한 번 더 확인했나요?	□	□

〈대단한 독해〉로
독해왕이
될 테야!

초등기탄 **대단한 독해**

| 2단계_예술·스포츠 |

1회 9~11쪽

1 ③ **2** (1) ○ (3) ○ **3** (순서대로) 관악기, 타악기 **4** (3) ○ **5** (2) ○ **6** 연경

☆**어휘력 땅땅** **1** (1) 현악기 (2) 관악기 (3) 타악기 **2** (1) 지휘자 (2) 성악가

---

1 설명문에서 무엇에 대해 설명하는지 살펴보면 제목을 짐작할 수 있습니다. 이 글은 '오케스트라'에 대해 설명하고 있습니다.

2 '오케스트라'는 무대와 연주를 듣는 사람들 사이의 공간을 뜻하다가 오늘날에는 관악기, 현악기, 타악기가 모여 음악을 연주하는 단체를 뜻하는 말로 쓰이고 있습니다.

3 글 ㈐의 중요한 내용은 '오케스트라의 가운데 부분에는 관악기, 맨 뒤쪽에는 타악기가 자리 잡고 있다.'입니다.

4 '부채꼴'은 부채처럼 바깥쪽으로 넓게 퍼진 모양을 뜻합니다. (1)은 직사각형 모양, (2)는 원 모양, (4)는 삼각형 모양입니다.

5 이 글은 오페라 공연을 소개하는 공연 안내장입니다. 오페라 「마술피리」의 줄거리를 소개하고 있습니다.

6 「마술피리」의 안내장에 있는 줄거리를 간추립니다. 이야기에서 파미나 공주를 구하러 간 타미노 왕자는 좋은 사람인 줄 알았던 밤의 여왕이 나쁜 사람이라는 것을 알게 됩니다. 그래서 타미노 왕자는 철학자 편에 서서 밤의 여왕과 맞서게 됩니다.

☆**어휘력 땅땅**

2 (1) 오케스트라를 이끄는 사람은 지휘자입니다. (2) 가곡을 부르거나 오페라에서 노래하는 사람은 성악가입니다.

2회 13~15쪽

1 자책골 **2** (1) ○ **3** (1) ○ **4** 예 미안한 **5** (1) ○

☆**어휘력 땅땅** **1** (1) 수비수 (2) 지시 (3) 자책골 **2** (1) 곧 (2) 마침내

---

1 유빈이가 겪은 일은 친구들과 축구를 하다가 자책골을 넣은 친구에게 화를 낸 일입니다. 축구를 하는 과정과 수비수인 상진이가 자책골을 넣어 속상한 마음이 자세하게 나타나 있는 글입니다.

2 ㉠의 내용은 자책골을 넣은 친구에게 유빈이가 화를 내는 상황입니다. 화를 내는 유빈이 옆에서 눈물을 흘리는 상진이의 모습을 떠올릴 수 있습니다.

3 상진이가 운 까닭은 자책골을 넣은 것에 대해 친구 유빈이가 화를 냈기 때문입니다.

4 윤지가 세현이에게 미안한 마음이 든 것이 원인이 되어 윤지가 세현이에게 사과를 하고 세현이가 사과를 받아들인 결과로 이어졌습니다.

5 "비 온 뒤에 땅이 굳어진다."라는 속담은 어려운 일을 겪은 뒤에 더 단단해진다는 뜻입니다. 일이 잘못된 뒤에는 손을 써도 소용 없다는 뜻을 가진 속담은 "한번 엎지른 물은 다시 주워 담지 못한다."입니다.

☆**어휘력 땅땅**

2 (1) '이내'는 시간이 얼마 되지 않아서라는 뜻으로 '곧'과 바꾸어 쓸 수 있습니다. (2) '드디어'는 무엇으로 말미암아 그 결과로를 뜻하는 말로 '마침내'로 바꾸어 쓸 수 있습니다.

1 ③ **2** 뒷동산 **3** (1) ○ **4** (1) ○ **5** ⑤
6 (1) ○

☆어휘력 팡팡 **1** (1) (순서대로) 지, 히 (2) 장대
(3) 머릿 (4) 바느 (5) 태 (6) 무

1 1연의 1행, 2연의 3행에 '얘들아 나오너라'
라는 말이 반복되었습니다.

2 '얘들아 나오너라 달 따러 가자／갈대 들고
망태 메고 뒷동산으로'라는 부분을 통해 아
이들이 달 따러 가는 장소가 뒷동산임을
알 수 있습니다.

3 ㉠은 아이들이 달을 따기 위해 하는 행동
입니다. (2)는 아이들이 감을 따는 장면이
므로, 이 시의 내용과 어울리지 않습니다.

4 이 시는 아이들이 함께 어울려 달을 따고,
그것을 달빛이 필요한 순이 엄마께 가져다
주려는 마음을 담고 있습니다. 친구들과
달 구경을 하는 모습이 다정하게 느껴진다
고 말한 친구의 말이 알맞습니다.

5 빗자루 자국을 머릿결에 빗대어 표현한 것
입니다.

6 이 시를 읽으면 빗자루로 마당을 쓰는 모
습을 떠올릴 수 있습니다.

☆어휘력 팡팡

1 나란히 고르게라는 뜻의 낱말은 '가지런히'
입니다. 기다란 막대를 부르는 말은 '장대'
이며, 머리카락의 상태를 이르는 말은 '머
릿결'입니다. 바늘에 실을 꿰어 옷 등을 짓
거나 꿰매는 일을 가리키는 말은 '바느질'
입니다. 짚이나 갈대를 엮어 물건을 지어
나르기 편하게 만든 도구는 '망태'입니다.

1 ③ **2** (1) × (2) ○ (3) ○ (4) ○ **3** 하루
4 소중한 **5** ㉠ **6** 미연

☆어휘력 팡팡 **1** (1) 삼신할머니 (2) 배냇저고리
(3) 금줄 **2** (1) 함부로 (2) 중요한 (3) 더욱

1 중심 낱말은 글에서 중심이 되는 중요한
낱말로, 이 글의 중심 낱말은 '배냇저고리'
입니다.

2 뒷받침 문장은 중심 문장을 덧붙여 설명하
거나 예를 드는 방법으로 도와주는 문장을
뜻합니다. (1)은 다음 문단의 중심 문장입
니다.

3 글에서 배냇저고리는 입던 옷으로 만들어
야 더 부드럽고 안전하다고 했습니다. 따
라서 새로 만든 것이 더 좋다는 윤서의 말
은 내용과 맞지 않습니다.

4 '귀한'은 아주 보배롭고 소중한이라는 뜻으
로 '소중한'과 바꾸어 쓸 수 있습니다.

5 이 글은 금줄에 대한 설명문입니다. 따라
서 글의 중심 문장은 ㉠이고, 나머지 문장
은 ㉠을 도와주는 뒷받침 문장입니다.

6 마을 사람들은 금줄을 보고 아기가 태어난
것을 알고 축하해 주었습니다. 따라서 혜
리와 선호의 말은 알맞지 않습니다.

☆어휘력 팡팡

2 (1) '함부로'는 조심하거나 깊이 생각하지
않고라는 뜻이고, (2) '중요한'은 귀중하고
꼭 필요한이라는 뜻입니다. 아기가 자라서
중요한 시험을 보러 갈 때 배냇저고리를
가져갔습니다. (3) '더욱'은 정도나 수준 등
이 한층 심하거나 높게라는 뜻입니다.

5회   25~27쪽

1 (2) ○   **2** (2) ○ (3) ○   **3** ①, ③   **4** 나리

5 (1) 3 (2) 1 (3) 2

☆ 어휘력 땅땅   **1** ㄹ

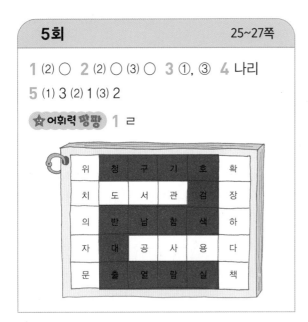

위	청	구	기	호	확
치	도	서	관	검	장
의	반	납	함	색	하
자	대	공	사	용	다
문	출	열	람	실	책

1 (1) 어린이 도서관에 어린이만 입장할 수 있다는 내용은 찾을 수 없습니다. (2) 이용자 주의 사항에서 도서관에서 뛰어다니거나 의자 끄는 소리를 내면 안 된다고 안내했습니다. (3) 어린이 도서관 행사는 매주 수요일에 열립니다.

2 도서관 이용 안내와 관련 있는 자신이 겪은 일을 말하는 내용이어야 합니다. 글에는 만화책과 관련된 내용이 없으므로 (1)은 알맞지 않은 내용입니다.

3 안내문은 정확한 내용을 누구나 쉽게 이해할 수 있게 써야 합니다. 따라서 자신의 생각이나 느낌보다는 정확한 사실을 중심으로 써야 합니다. 노래 부르는 듯한 느낌이 드는 글은 '시'입니다.

4 ㉠은 대출 중인지 아닌지 확인하라는 내용입니다.

5 컴퓨터로 도서를 검색하여 대출이 가능한지 확인합니다. 청구 기호에 맞는 서가에서 책을 찾습니다. 그 뒤 책을 보거나 대출합니다.

6회   29~31쪽

1 ②   **2** (1) ④ (2) ㉮   **3** (2) ○   **4** 네로

5 ③   **6** (1) ㉮ (2) ④

☆ 어휘력 땅땅   **1** (1) ㉣ (2) ㉮ (3) ④

2 (1) 구석 (2) 레 (3) 오두   **3** (1) 끌고

(2) 먹이지

1 글의 처음 부분에서 어느 계절인지 알 수 있습니다. 해가 뜨겁게 내리쬐는 한여름에 일어난 일입니다.

2 이야기에서 일이 일어난 장소가 길에서 풀숲으로 바뀌었습니다. 길에서 힘들게 수레를 끌던 파트라셰는 결국 쓰러져 풀숲에 누워 있게 됩니다.

3 파트라셰의 주인은 파트라셰를 모질게 함부로 대하고 일만 시키는 고약한 인물이었습니다. 따라서 화가 난 사람처럼 무서운 얼굴로 소리치며 읽는 것이 알맞습니다.

4 풀숲에 쓰러진 파트라셰를 발견하고 구한 인물은 할아버지와 네로입니다.

5 네로가 떨리는 목소리로 묻고, 정성껏 돌보았다는 내용으로 보아 걱정하는 마음으로 한 말임을 알 수 있습니다.

6 처음 오두막에 왔을 때 파트라셰는 힘없이 마른풀 위에 쓰러져 있었습니다. 네로와 할아버지의 정성스러운 보살핌으로 몇 주가 지난 뒤 건강해졌습니다.

☆ 어휘력 땅땅

3 (1) 파트라셰가 수레를 끈 것이므로 알맞은 낱말은 '끌고'입니다. (2) 파트라셰의 주인이 파트라셰에게 물을 주지 않은 것이므로 알맞은 낱말은 '먹이지'입니다.

1 ⑤ 2 재우 3 (1) ○ (2) ○ (3) ○ (4) ×
4 ⑤ 5 ④ 6 ㉮

☆어휘력 팡팡 1 (1) 물레질 (2) 괭이질
2 (1) 느낌 (2) 직업 (3) 일

1 이 글은 '일할 때 부르는 노래'에 대해 설명 하고 있습니다.

2 계절별로 일할 때 부르는 노래에 대해 비교 한 내용과 일할 때 부르는 노래와 아이들 노래에 대해 비교한 내용은 찾을 수 없습 니다.

3 일할 때 부르는 노래는 나라에서 만들어 백성들에게 부르게 한 것이라는 내용은 찾 을 수 없습니다.

4 글 ㉮에서 여성들이 옷감을 짜거나 바느질 할 때 노래를 불렀다는 것으로 보아 옛날 에는 직접 옷을 만들어 입었다는 것을 짐 작할 수 있습니다.

5 이 글은 동요 배우기 행사를 알리는 글로 동요를 가르치시는 강사, 동요를 배울 수 있는 장소와 시간을 소개하고 있습니다.

6 '함께'는 한꺼번에 같이 또는 서로 더불어 라는 뜻입니다. '함께'와 '같이'는 뜻이 서 로 비슷한 말입니다. '따로'는 한데 섞이거 나 함께 있지 아니하고 혼자 떨어져서라는 뜻으로 뜻이 서로 반대인 낱말입니다.

☆어휘력 팡팡

1 그림은 도구를 가지고 하는 일인 '물레질, 괭이질'을 나타냅니다.

2 (1) '기쁨, 슬픔, 신남'을 포함하는 낱말은 '느낌'입니다.

1 레오나르도 다빈치 2 ③ 3 하림
4 헬리콥터 5 ④ 6 1495년, 나흘

☆어휘력 팡팡 1 (1) ㉰ (2) ㉯ (3) ㉮ 2 (1) ○
(2) ○ (3) ×

1 이 글은 레오나르도 다빈치에 대해 쓴 전 기문입니다.

2 해 보지도 않고 포기할 수 없다는 인물의 말과 끝까지 새로운 물건을 만들어 낸 행 동을 통해 인물이 의지가 굳은 성격임을 알 수 있습니다.

3 레오나르도 다빈치는 해 보지도 않고 안 된다고 하면 아무것도 만들 수 없다며 새 로운 것에 계속 도전한 인물입니다. 따라 서 빨리 포기하는 것이 낫다는 경서의 말 은 알맞지 않습니다.

4 오늘날의 헬리콥터는 레오나르도 다빈치 가 고안한 하늘을 나는 기계의 작동 원리 로 만들어진 것입니다.

5 빨리 그림을 그리라는 재촉에 레오나르도 다빈치는 "좋은 그림은 빨리 그린다고 나 오는 것이 아니야. 영감이 떠올라야 훌륭 한 그림을 그릴 수 있어!"라고 말하며 화가 로서 자존심을 내세우며 맞섭니다.

6 시간을 나타내는 말은 '1945년'처럼 연도 를 표시하거나 시간의 흐름을 세는 '나흘' 같은 말입니다.

☆어휘력 팡팡

2 (3) '재촉하다'는 빨리하라고 조른다는 뜻이 므로 천천히 하라고 재촉했다는 표현은 알 맞지 않습니다.

1 ㉣ **2** (3) ○ **3** ② **4** (2) ○ **5** (2) ○
6 (1) ○

★어휘력 팡팡

1

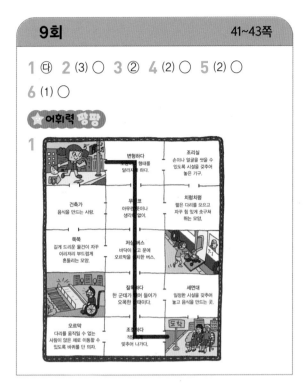

1 이 글은 모두를 위한 디자인을 설명하는 글로 사람들에게 모두를 위한 디자인이 무엇인지 알리기 위해 쓴 글입니다.

3 모두를 위한 디자인은 누구나 쓰기 쉽고 편한 디자인을 만들려는 데 목적이 있습니다. 크기가 꼭 커야 하는 것은 아닙니다.

4 모두를 위한 디자인은 일상생활뿐 아니라 건물이나 시설에도 이용되고 있습니다.

5 이 글은 샤넬이 여성을 위한 디자인을 했다는 사실을 설명하는 글입니다.

6 샤넬은 활동하기 편한 옷을 디자인하고, 어깨에 메는 가방을 만들어 편하게 움직일 수 있게 했습니다.

★어휘력 팡팡

1 길게 드리운 물건이 자꾸 이리저리 부드럽게 흔들리는 모양은 '치렁치렁'입니다. 음식을 만드는 사람은 '요리사'입니다.

1 ⑤ **2** (1) ○ **3** ② **4** (2) ○ **5** (1) ○ (2) ×
(3) ○ **6** ㉣

★어휘력 팡팡 **1** (1) 사원 (2) 유물
2 (1) 둘러싸여 (2) 접힌 (3) 어우러져

1 앙코르와트는 노래가 아니라 캄보디아의 유적입니다.

2 ㉠은 앙코르와트의 성곽과 성곽을 둘러싼 연못을 설명한 것으로 사원의 모양을 설명하는 내용입니다.

3 '거대하고'는 아주 크고의 뜻이므로 '웅장하고'와 바꾸어 쓸 수 있습니다.

4 자신이 아는 내용과 관련지어 말한 친구를 찾아야 하므로 텔레비전에서 본 내용과 관련지어 말한 친구가 알맞습니다.

5 『대동여지도』의 크기는 가로가 4미터, 세로가 7미터입니다.

6 『대동여지도』는 병풍처럼 생겼고, 병풍은 접었다 폈다 할 수 있는 모양입니다.

★어휘력 팡팡

1 (1) '서원'은 글공부를 하는 사람들이 머물던 곳이라는 뜻입니다. '앙코르와트 사원'이라고 해야 알맞습니다. (2) '유적'은 건축물이나 싸움터 또는 역사적인 사건이 벌어진 곳에 어울리는 낱말입니다.

2 (1) 둘러서 감싸다라는 뜻을 가진 '둘러싸여'로 써야 합니다. '둘러쌓다'는 둘레를 빙 둘러서 쌓다라는 뜻입니다. (3) '어우러져'는 여럿이 조화를 이루거나 섞여라는 뜻을 가진 낱말입니다. '어울러져'는 맞춤법에 맞지 않는 낱말입니다.

1 ① **2** ④ **3** ① **4** (3) ○ **5** ㉠ **6** (2) ○

⭐ 어휘력 땅땅 1

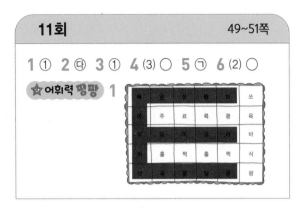

1 봄에 꽃씨에서 싹이 돋아나는 상황을 나타낸 시이므로 시의 배경이 되는 계절은 '봄'입니다.

2 '쏘옥'은 '쏙'을 늘린 말로, 무엇을 한번에 안으로 밀어넣거나 바깥으로 빼는 모양을 흉내 내는 말입니다.

3 2연에서 꽃씨가 눈을 뜨고, 4연에서 빠끔 보이며 파란 손을 땅 밖으로 내민 것으로 보아 '파란 손'은 새싹이 돋은 것임을 알 수 있습니다.

4 새싹이 돋은 걸 보고 신기하게 생각한 경험이 말하는 이의 경험과 비슷합니다.

5 사과를 베어 먹는 소리를 '아삭아삭'으로 표현했습니다. '새콤달콤'은 맛을 표현한 말입니다.

6 이 시는 사과를 먹었던 일을 감각적인 표현을 사용해 실감 나게 나타내었습니다. 따라서 사과 먹을 때의 기분을 떠올리는 것이 알맞습니다.

⭐ 어휘력 땅땅

1 (3) 구멍이나 틈 사이로 살짝 보이는 모양을 나타낸 말은 '빠끔'입니다. (5) 일을 매우 정성스럽게 해 빈틈이 없이를 뜻하는 말은 '살뜰히'입니다.

1 (2) ○ (3) ○ **2** (1) 1 (2) 3 (3) 2 **3** ④ **4** (1)
㉯ (2) ㉮ (3) ㉰ **5** (1) × (2) ○ (3) ○ **6** 미라

⭐ 어휘력 땅땅 **1** (1) 옥대 (2) 점 (3) 익선관

2 (1) 반듯이 (2) 맡은 (3) 드러나게

1 조사 보고서에 쓰인 조사 방법은 국립 중앙 박물관 견학하기, 인터넷 누리집 이용하기, 어진에 대해 쓴 책 읽기입니다.

2 어진을 그리기 위해서는 뛰어난 화가를 뽑아 역할을 나누고, 왕의 얼굴을 직접 보고 밑그림을 그립니다. 의견을 나누어 고친 뒤에 비단에 옮겨 완성하였습니다.

3 이 글의 중심 내용은 왕의 초상화인 어진은 뛰어난 화가가 모여 밑그림을 그리고 왕과 신하가 의견을 나눈 뒤에 그릴 만큼 왕의 위엄을 나타내는 귀한 그림이라는 것입니다.

4 '상세히'는 낱낱이 자세하게라는 뜻입니다.

5 임금이 입는 곤룡포에 새긴 것은 해태가 아니라 '용'입니다.

6 이 글의 중심 생각은 임금은 임금의 권위를 표현하는 곤룡포를 입고 위엄 있는 모습으로 나라를 다스렸다는 것입니다.

⭐ 어휘력 땅땅

1 그림을 세는 단위는 '점'입니다.

2 '반듯이'는 비뚤어지거나 기울지 않고 바르게라는 뜻입니다. '맡다'는 어떤 일에 대한 책임을 지고 담당하다를, '맞다'는 오는 사람이나 물건을 예의로 받아들이다라는 뜻입니다. '드러나다'는 가려 있거나 보이지 않던 것이 보이게 되다라는 뜻입니다.

13회	57~59쪽

1 ① **2** (2) ○ **3** 미소 **4** (1) ○ **5** ⑤ **6** ㉯

☆ **어휘력 팡팡** **1** (1) 가파른 (2) 완만한

2 (1) ㉰ (2) ㉯ (3) ㉮

1 이 글은 '스포츠 정신을 지키자.'를 주장하는 논설문입니다.

2 경기 결과를 겸손하게 받아들여야 한다는 의견에 스포츠 경기에서 이기는 것만큼 최선을 다해 노력하는 과정도 중요하다는 까닭을 들었습니다.

3 "가랑비에 옷 젖는 줄 모른다."라는 속담은 가늘게 내리는 비는 조금씩 젖어 들기 때문에 옷이 젖는 줄 깨닫지 못한다라는 뜻으로 아무리 작은 것이라도 그것이 계속되면 크게 됨을 뜻하는 말입니다.

4 스포츠 정신은 정정당당하게 겨루고 경기 결과를 겸손하게 받아들이는 것입니다.

5 이 글은 하늘산 스키장 관리소에서 알리는 안내문입니다.

6 슬로프 가장자리로 이동해야 하는 까닭은 다른 사람과 부딪치는 사고를 예방할 수 있기 때문입니다.

☆ **어휘력 팡팡**

1 '가파르다'는 경사가 급하다를 뜻하고, '완만하다'는 경사가 급하지 않다를 뜻하는 말입니다.

2 "천 리 길도 한 걸음부터"는 모든 일은 그 일의 시작이 중요함을 이르는 속담입니다. "말 한마디에 천 냥 빚도 갚는다."는 말로 큰 빚을 갚을 수 있을 정도로 말의 중요성을 나타낸 속담입니다.

14회	61~63쪽

1 죽령 **2** ③ **3** (3) ○ **4** ⑤ **5** (1) ○ **6** 달래

☆ **어휘력 팡팡** **1** (1) 산적 (2) 관가 (3) 대뜸

(4) 대접하다 (5) 고약하다 → 금덩이

1 '옛날, 경상북도 죽령이라는 고개에서'라는 부분에서 이야기가 일어난 곳을 찾을 수 있습니다.

2 '산적들은 할머니의 정성에 감동해서 자신들이 사는 곳으로 데려왔어요.'라는 부분을 통해 일의 원인과 결과를 찾을 수 있습니다.

3 할머니는 마을 사람들을 돕기 위해 산적을 찾아갔습니다. 이 행동을 통해 할머니의 성격을 짐작할 수 있습니다.

4 원님이 젊은 사람도 잡지 못한 산적을 할머니가 잡겠다고 하니 믿기 힘든 마음으로 한 말입니다.

5 할머니가 준 술과 음식을 먹고 산적이 잠들어서(원인) 군사들이 산적을 잡을 수 있었습니다.(결과)

6 할머니의 지혜로 산적을 잡은 내용에서 이 동화의 중심 생각은 '지혜로 어려운 일을 해결할 수 있다.'라는 것임을 짐작할 수 있습니다.

☆ **어휘력 팡팡**

1 '관가'는 벼슬아치들이 나랏일을 보던 집을 뜻하는 말입니다. '대접하다'는 음식을 차려 내주거나 사 주다라는 뜻입니다. '고약하다'는 사납고 못되다라는 뜻입니다. 산적이 찾는 '관가'에 들어 있는 보물은 금덩이입니다.

15회   65~67쪽

1 ⑤   2 (2) ○ (3) ○   3 현악기, 술대   4 ④

5 (1) ㉮ (2) ㉯   6 (2) ○

☆ 어휘력 땅땅 1 (1) 화려하다 (2) 모래사장

(3) 웅장하다 (4) 튕기다   2 (1) 단단하다

(2) 굵다

---

1 이 글은 가야금과 거문고의 공통점과 차이점에 대해 설명하는 글입니다.

2 가야금과 거문고의 같은 점은 모두 우리나라의 대표적인 현악기이고, 악기의 앞판을 모두 오동나무로 만든다는 것입니다.

3 각 문단의 중심 내용을 간추려 글 전체의 내용을 간추립니다.

4 ㉣'두껍답니다'는 두꺼운 정도가 크다는 뜻으로 '얇답니다'와 뜻이 반대인 낱말입니다. ㉤'치며'는 '튕기며'와 비슷한 낱말입니다.

5 배구는 여섯 명이 한 팀이 되어 주로 실내에서 경기를 하고 세 경기를 먼저 이기는 팀이 승리합니다. 비치발리볼은 두 명이 한 팀이 되어 경기를 하고 두 경기를 먼저 이기는 팀이 승리합니다.

6 배구와 비치발리볼은 그물을 사이에 두고 공을 상대 팀의 바닥에 떨어뜨려서 점수를 얻는 경기입니다. 그리고 비치발리볼에 쓰는 공은 배구공보다 물렁물렁합니다.

☆ 어휘력 땅땅

2 (1) '물렁물렁하다'는 매우 부드럽고 무르다는 뜻이므로, 이와 반대되는 뜻의 낱말은 '단단하다'입니다. (2) '가늘다'는 긴 것의 둘레나 너비가 작다, 소리의 울림이 약하다는 뜻이므로, 반대말은 '굵다'입니다.

사진 출처

· 38쪽 레오나르도 다빈치, 「최후의 만찬」(위키피디아)

· 44쪽 앙코르와트(셔터스톡)

· 52쪽 영조 어진(위키피디아)

· 56쪽 스케이트 경기(셔터스톡)

· 64쪽 가야금, 거문고(국립 국악원)

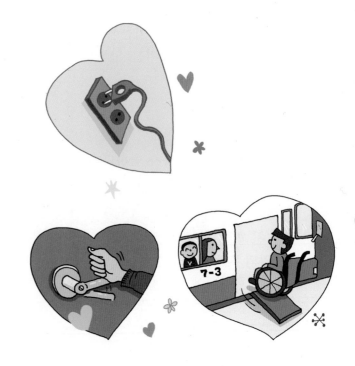